整本书阅读的课程化

大夏书系·阅读教育

闫学 主编

华东师范大学出版社
·上海·

目　录

序　整本书阅读的课程链与学习任务群 / 闫　学　　001

世界名著阅读课程

启读课　在寻"变"中开启阅读之旅
　　——《爱丽丝漫游奇境》《鲁滨逊漂流记》
　　启读课教学设计 / 陆智强　　002

赏读课　发现经典的奥秘
　　——《爱丽丝漫游奇境》《鲁滨逊漂流记》
　　赏读课教学设计 / 吴诗清　　011

创读课　挖开"兔子洞"
　　——《爱丽丝漫游奇境》《鲁滨逊漂流记》
　　创读课教学设计 / 王艳霞　　017

赏　析　启读、赏读与创读：整本书阅读的任务群
　　框架 / 闫　学　　023

古典名著阅读课程

启读课　走进水泊梁山
　　——《水浒传》启读课教学设计 / 江小琴　　028

赏读课　品水浒，探秘妙
　　——《水浒传》赏读课教学设计 / 吴诗清　　031

创读课　畅游水浒
　　——《水浒传》创读课教学设计 / 王　睿　　036

赏　析　感受经典的魅力
　　——古典文学名著《水浒传》整本书阅读
　　设计赏析 / 闫　学　　040

科普名著阅读课程

启读课 走进迷人的科学世界
——《十万个为什么》启读课教学
设计 / 徐莲君　　　　　　　　046

赏读课 聚焦阅读策略，实现个性阅读
——《十万个为什么》赏读课教学
设计 / 唐翔云　　　　　　　　051

赏读课 阅读过程策略化，联结比较多元化
——《十万个为什么》赏读课教学
设计 / 汪　琼　　　　　　　　057

创读课 让科学创作的种子生根发芽
——《十万个为什么》创读课教学
设计 / 王　睿　　　　　　　　064

赏　析 基于学习任务群的整本书科普阅读课型
创新 / 闫　学　　　　　　　　070

经典童话阅读课程

启读课 给全世界最珍贵的礼物
——《格林童话》《安徒生童话》《王尔德童话》
启读课教学设计 / 江小琴　　　076

赏读课 发现童话的秘密
——《格林童话》《安徒生童话》《王尔德童话》
赏读课教学实录 / 汪　琼　　　083

创读课 让童话人物鲜活地走出来
——《格林童话》《安徒生童话》《王尔德童话》
创读课教学实录 / 杨　薇　王　睿　094

赏　析 指向高阶阅读能力的童话阅读实践
探索 / 闫　学　　　　　　　　102

中国神话作品阅读课程

启读课	走近古老的神话
	——《民间文学里的中国·神话故事》
	启读课教学设计／吴诗清　　　　108

赏读课	认识古老的神话
	——《民间文学里的中国·神话故事》
	赏读课（一）教学设计／吴诗清　　112

赏读课	探秘古老的神话
	——《民间文学里的中国·神话故事》
	赏读课（二）教学设计／吴诗清　　118

创读课	追随古老的神话
	——《民间文学里的中国·神话故事》
	创读课教学设计／吴诗清　　　　124

赏　析	感受神话永恒的魅力
	——吴诗清老师《民间文学里的中国·神话故事》
	整本书阅读设计赏析／闫　学　　　128

外国神话作品阅读课程

启读课	呼唤神的名字
	——《希腊神话故事》启读课教学
	设计／吴诗清　　　　　　　　　134

赏读课	追慕神的飘逸
	——《希腊神话故事》赏读课教学
	设计／吴诗清　　　　　　　　　140

创读课	轻唱神的故事
	——《希腊神话故事》创读课教学
	设计／吴诗清　　　　　　　　　146

赏　析	走进雄浑壮阔的奥林匹斯山
	——吴诗清老师《希腊神话故事》
	整本书阅读设计赏析／闫　学　　　150

中国民间故事阅读课程

启读课 发现民间故事的秘密
——《民间文学里的中国·民间故事》
启读课教学设计 / 吴诗清　　　　　　　156

赏读课 发掘民间故事的力量
——《民间文学里的中国·民间故事》
赏读课教学设计 / 吴诗清　　　　　　　161

创读课 生发民间故事的传承
——《民间文学里的中国·民间故事》
创读课教学设计 / 吴诗清　　　　　　　166

赏　析 走进乡土中国
——吴诗清老师《民间文学里的中国·民间故事》
整本书阅读设计赏析 / 闫　学　　　　　171

外国民间故事阅读课程

启读课 开启非洲民间故事
——《老人的智慧：非洲民间故事精选》
启读课教学设计 / 吴诗清　　　　　　　176

赏读课 揭秘世界民间故事
——《老人的智慧：非洲民间故事精选》
赏读课教学设计 / 吴诗清　　　　　　　181

创读课 传唱世界民间故事
——《老人的智慧：非洲民间故事精选》
创读课教学设计 / 吴诗清　　　　　　　186

赏　析 走进非洲大地
——吴诗清老师《老人的智慧：非洲民间故事精选》
整本书阅读设计赏析 / 闫　学　　　　　191

经典现代诗阅读课程

启读课 轻叩诗歌的大门
——《繁星·春水》启读课教学设计 / 陆智强　196

赏读课 采撷深邃的小花
——《繁星·春水》赏读课教学设计 / 陆智强　201

创读课 表达诗意的美好
——《繁星·春水》创读课教学设计 / 陆智强　205

赏　析 如繁星，又如春水
——陆智强老师《繁星·春水》整本书阅读设计赏析 / 闫　学　209

童诗童谣阅读课程

启读课 打开童谣的"七彩窗"
——《读读童谣和儿歌》《叶圣陶写给孩子的诗：小小的船》启读课教学设计 / 王艳霞　214

赏读课 摇着月亮船的诗游
——《读读童谣和儿歌》《叶圣陶写给孩子的诗：小小的船》赏读课教学设计 / 王艳霞　220

创读课 带着自己的诗集来诵读
——《读读童谣和儿歌》《叶圣陶写给孩子的诗：小小的船》创读课教学设计 / 王艳霞　225

赏　析 荡起那小小的月亮船
——王艳霞老师童诗童谣整本书阅读设计赏析 / 闫　学　227

阅读课程 经典寓言

启读课 打开敞亮的寓言世界
——《中国古代寓言故事》启读课教学设计 / 陆智强　232

赏读课 挖掘深厚的寓言价值
——《中国古代寓言故事》赏读课教学设计 / 陆智强　235

创读课 展示精彩的阅读成果
——《中国古代寓言故事》创读课教学设计 / 陆智强　238

赏　析 点亮智慧之灯
——陆智强老师《中国古代寓言故事》整本书阅读设计赏析 / 闫　学　241

阅读课程 经典绘本

启读课 有意思的房子
——二年级《打瞌睡的房子》《当毕加索遇上马蒂斯》启读课教学设计 / 王艳霞　246

赏读课 一座房子代表一种流派
——二年级《打瞌睡的房子》《当毕加索遇上马蒂斯》赏读课教学设计 / 王艳霞　249

创读课 我心目中的"房子"
——二年级《打瞌睡的房子》《当毕加索遇上马蒂斯》创读课教学设计 / 王艳霞　253

赏　析 指向审美创造的低年级整本书阅读课 / 闫　学　256

革命文学阅读课程

启读课 寻觅英雄足迹
——《小英雄雨来》启读课教学设计/陆智强　262

赏读课 品读英雄形象
——《小英雄雨来》赏读课教学设计/陆智强　265

创读课 内化英雄精神
——《小英雄雨来》创读课教学设计/陆智强　268

赏　析 让革命文化浸润童心
——陆智强老师《小英雄雨来》整本书阅读设计赏析/闫　学　271

后　记　277

序
整本书阅读的课程链与学习任务群

自 2000 年以来，关于推动儿童阅读的重要性不仅被我国越来越广泛的教育工作者认识到，而且也在实践层面上逐渐积累了较为丰富的经验。从单篇文本阅读，到群文阅读，再到整本书阅读，不仅蕴藏着大家多年来对儿童阅读的理解嬗变，也彰显着儿童阅读的实践进阶过程。无论是实施方法与操作策略，还是阅读资源的建设与积累，以及教师阅读指导水平的提高，都取得了一系列重要成就，阅读经验与阅读成果也得到了极大丰富。其中，整本书阅读由于涵盖了儿童阅读过程、阅读行动和阅读能力等各个方面的高阶领域，作为一项重要的教育教学任务被明确提出，可以追溯到《义务教育语文课程标准（2011 年版）》："提倡少做题，多读书，好读书，读好书，读整本的书。"至此，整本书阅读在小学语文教学领域开启了更大范围的实践研究和理论建构。

在上述基础上开展起来的整本书阅读，使儿童置身于较为复杂、宏大、整体的阅读活动中，对培养儿童良好的阅读习惯，提升儿童阅读品位，尤其是培养儿童逐渐形成独立阅读能力，提升思维水平，具有很大帮助。《义务教育语文课程标准（2022 年版）》提出将整本书阅读作为拓展型学习任务群的一种类型，并完整阐释了整本书阅读的基本概念："本学习任务群旨在引导学生在语文实践活动中，根据阅读目的和兴趣选择合适的图书，制订阅读计划，综合运用多种方法阅读整本书；借助多种方式分享阅读心得，交流研讨阅读中的问题，积累整本书阅读经验，养成良好阅读习惯，提高整体认知能力，丰富精神世界。"这就从实施内容、路径和目标等各个方面界定了整本书阅读在语文学习和学生精神成长过程中的重要作用。与《义务教育语文课程标准（2022年版）》相呼应，统编小学语文教材中的"快乐读书吧"、课后"阅读链接"等相关内容，都从整本书阅读的书目选择、实施方法、目的要求等方面或明确提出，或提供线索，为整本书阅读的实践落地提出了要求，也提供了依据。

但整本书阅读不同于单篇文本阅读和群文阅读，无论是对阅读策略、阅读内容、阅读要求，还是对阅读时间、阅读目标、阅读资源等，都提出了更高的要求。现行小学语文教材中推荐的阅读书目大都是经典书目，凡经典书目都有其作为经典作品的特点，如内涵的丰富性、实质的创作性、无限的可读性、时空的跨越性等，都可以在整本书阅读的过程中进行深入、多维地领略、鉴赏与习得，而这些都是仅仅通过阅读作品片段和内容梗概无法获得的。因此，我带领的课程团队在长期的整本书阅读实践中，推出了三种整本书阅读创新课型——启读课、赏读课和创读课，这三种课型串联起整本书阅读的全过程，构成了一条完整的、有机联系的阅读课程链。

概括说来，整本书阅读中的启读课、赏读课和创读课，分别在不同的阅读节点展开，各自承担了不同的阅读学习任务，以学习任务群的形式有机地串联起整本书阅读课程的完整链条。启读课一般安排在整本书阅读课程之始展开实施，其目的主要是激发学生对这本书的阅读兴趣，营造阅读期待，同时师生共商阅读计划，明确阅读任务和时间规划。赏读课一般安排在学生精读这本书的进程之中展开实施，同时调动学生已有的阅读经验和生活经验，从人物形象、情节结构、写作手法、价值影响等多个不同维度，链接和拓展更加丰富、立体的阅读资源，建构富有挑战性的阅读学习任务群，引导学生进行经典作品的赏析、讨论，进行前后勾连和横向比较，培养学生的高阶阅读能力。创读课一般安排在最后一个课程环节，在学生阅读完整本书之后，师生共同设计、参与丰富多样、形式活泼的创造性阅读活动，如创作剧本进行演出、花式猜谜、制作藏书票、设计插图、重新设计封面和封底、改写或续写书的结尾等，突破阅读只能"读"的窠臼，实现阅读与其他学科和活动领域的跨界，让学生全身心参与到阅读之中，不但丰富、加深了阅读理解，也更能感受到阅读的快乐，体验阅读带来的成就感。

那么，在具体的实践层面，这三种课型构成的课程链是怎样实施的呢？

如，统编小学语文教材六年级"漫步世界名著花园"主题的整本书阅读，重点推荐了世界名著《鲁滨逊漂流记》，同时鼓励孩子去阅读更多的世界名著——"相信你可以读更多"。这个主题与本单元"世界名著阅读"主题相吻合，课文由于篇幅限制分别节选了经典名著《鲁滨逊漂流记》《骑鹅旅行记》《汤姆·索亚历险记》的片段，其中《鲁滨逊漂流记》作为精读课文还呈现了作品梗概。本单元课文通过三部经典名著的梗概与片段呈现，来落实本单元语文要素：借助作品梗概，了解名著的主要内容；就印象深刻的人物和情节交流感受；学习写作品梗概。这就为落实"快乐读书吧"的"漫步世界名著花园"打下了一定的阅读知识基础，同时在一定程度上营造了阅读期待。因此，兼顾经典作品的特性与教材中"快乐读书吧"的要求，我们确定了以《鲁滨逊漂流记》和《爱丽丝漫游奇境》作为共读书目，开启了一段漫步在世界名著花园的美妙旅程。

我们遵循三种课型，在"漫步世界名著花园"这一主题下开展的整本书阅读，分别推出了"在寻'变'中开启阅读之旅"的启读课，"发现经典的奥秘"的赏读课，以及以"挖开'兔子洞'"为主题的创读课。三位教师组成了一个整本书阅读的课程团队，在整体讨论的前提下进行了三种课型的教学设计，不仅构建了前后勾连、彼此呼应又层层推进的课程链条，也形成了丰富、立体、多维并具有一定挑战性的阅读任务群。在整本书阅读的课程链条中，启读、赏读和创读成为整本书阅读的三个主要大任务，在三个大任务之下，又包括了一个个围绕主题的小任务，这些共同构成了整本书阅读任务群的基本框架。

启读，以点燃兴趣和规划进程为目的。启读课将营造学生阅读期待、激发阅读兴趣、制订阅读计划为主要目标，包含了三个阅读指导板块，选取主人公的"变"为切入口，开启了共读《鲁滨逊漂流记》和《爱丽丝漫游奇境》的奇幻而惊险的旅程。教师精准定位了两部作品的划时代意义，通过创作背景、作者信息及作品文学价值的链接与讨论，帮助学生点燃了对两部经典作品的阅读热情，也为后续深入阅读鉴赏作品、开展创读活动奠定了基础；以爱丽丝的身体之"变"和鲁滨逊的心理之"变"作为切入口，从一个维度串联起整部作品的结构框架，为阅读整本书提供了整体视野；而师生共商阅读计划，规划阅读进程，做到了从"随意读"到"规划读"，并提出了指向阅读能力提升的"高阶读"，以高阶问题的提出，启迪学生在后续阅读中思考，并作为后续赏读课的目标之一。这样的启读课设计，主要从激发阅读兴趣和制订阅读计划两个方面，将《义务教育语文课程标准（2022年版）》规定的整本书阅读的学习任务落到了实处。

赏读，在比较阅读中发现经典元素。赏读课的难点就在于，面对经典作品，如何带领学生去发现和领略经典作品的高妙之处，逐渐积累丰富的审美经验，让学生的审美意识、审美观念和审美眼光在这个过程中逐渐养成。而"审美创造"也是《义务教育语文课程标准（2022年版）》提出的核心素养的重要内涵之一。赏读课衔接第一节启读课的问题，指导学生聚焦两本书的情节结构、人物形象和作品价值，深入挖掘两部作品的经典元素，发现经典作品的开创性价值，提高学生的审美水平；同时，围绕经典元素，通过高阶问题的讨论，提升学生的高阶阅读能力。教学设计删繁就简，聚焦重点，从丰富多维的角度帮助学生深刻认识到两部经典作品的开创性意义，以及对后人产生的深远影响，进一步感受到经典作品跨时空的特性。这样的赏读课设计，无论是对教师，还是学生，都提出了挑战，因而也是一种真正的高阶阅读课。

创读，在创造性活动中为成长赋能。在学生完整阅读了两部作品之后，就进入了创读课环节。"如果有一天，回到英国的鲁滨逊突然掉进了爱丽丝漫游奇境的那个兔子洞，将会发生怎样奇幻的故事呢？"这个极其开脑洞的问题，在一定程度上体现了创读课的基本特点，那就是千方百计调动学生的兴趣，启迪学生的思维，通过丰富多样的活动让学生参与进来，让阅读课不但能"读"，还能"演"，还能"辩"，还能创作，还能设计，还能做一切你想做的事情。丰富多彩的活动吸引着每一个孩子，孩子们多样化表达阅读感受，多维度发表阅读成果，阅读成为一件人人争相参与的事情。但创读课又不能仅仅关注参与和兴趣，学生阅读能力的培养，审美水平的提高，依然是创读课的重要目标。因此，一系列高阶问题的讨论就成为本课的亮点，这些讨论着眼于学生思维能力的提升，学生通过联想想象、分析比较、归纳判断，使得自己的辩证思维、创造性思维和批判性思维都得到了训练，有助于自身高阶阅读能力和审美水平的提高，也丰富了自身的精神世界。

从以上案例可以看出，整本书阅读作为拓展型学习任务群的一种类型，必须关注其不同于单篇阅读、群文阅读和单元整体教学的特点，将整本书阅读课程化，用课程的视角来搭建学习任务群的基本框架，设计系列学习任务，方能达到整本书阅读的基本目标。

这本书，正是本着这样的目标，紧紧围绕《义务教育语文课程标准（2022年版）》的基本要求，立足于不同年段学生的阅读发展现状和需求，从世界名著、古典名著、科普名著、经典童话、中国神话、外国神话、中国民间故事、外国民间故事、经典现代诗、童诗童谣、经典寓言、经典绘本、革命文学等13个主题，全面探讨了整本书阅读课程化的实践路径和操作策略，呈现了整本书阅读中的三种创新课型——启读课、赏读课和创读课在实践层面的运用，并以学习任务群的形式有机地串联起整本书阅读课程的完整链条，希望能给所有关注、研究和实践整本书阅读的教育同行们带来启发。

闫 学

2024年8月

世界名著阅读课程

启读课

在寻"变"中开启阅读之旅
——《爱丽丝漫游奇境》《鲁滨逊漂流记》启读课教学设计

杭州市余杭区杜甫小学　陆智强

启读目标

1. 通过引入文学价值、作者信息、创作背景等不同维度的资料进一步激发学生阅读整本书的兴趣。

2. 以影视欣赏、课本剧表演、阅读交流等多种方式聚焦主人公的"变",初步建构阅读方法。

3. 能围绕阅读任务,并结合自己的阅读实际,拟订整本书阅读的计划。

启读过程

· 任务一:揭开阅读书目,点燃阅读兴趣 ·

1. 引入《爱丽丝漫游奇境》的文学价值、创作背景等信息,在"无限惊讶"中开启阅读之旅。

(1)导入:同学们,陆老师将和大家开启一段文学探险之旅。我们先走进第一本书。(PPT逐一出示,相机朗读。)

①在英国,这本书被誉为除了《圣经》和莎士比亚作品之外,排名第三

的文学作品。它奠定了怪诞、奇幻的现代童话基调,开启了英国儿童文学的黄金时代。

②这本书自1865年出版至今,每一次再版都有知名画家竞相为它配插图,它已经被翻译成120多种语言。

③故事还被改编成戏剧、电影、电视剧、芭蕾舞、木偶剧、卡通剧等,是世界上流传最广、影响最大的童话之一。

请同学们结合文字以及图片猜一猜这是哪一本书。揭秘:《爱丽丝漫游奇境》。

(2)你知道是哪位大作家创作了这个故事吗?揭示:刘易斯·卡罗尔。

①追问:猜一猜卡罗尔是什么职业?最擅长研究什么?随机指名学生交流。

②出示:

《爱丽丝漫游奇境》就是由一位了不起的数学家、逻辑学家所创作的,他叫刘易斯·卡罗尔,出生于1832年。他生性腼腆并患有严重的口吃,但他兴趣广泛,对小说、诗歌、数学逻辑谜题、儿童摄影等都颇有造诣,被誉为"现代童话之父"。

没想到吧,竟然是一位数学家创作的!

(3)了解创作背景:这样的故事又是在怎样的背景之下创作出来的呢?

①卡罗尔特地写过一首诗,诗中讲述了自己创作的缘由。(配乐,指名学生朗读。)

金色午后
湖上泛闲舟
小手齐用力
划动几叶桨
船儿不听话
大家没奈何

三个小姑娘
心肠实在硬
这般好时光
却要听故事
不敢高声语
深恐破梦境

傲慢普丽玛
命令"开始讲"
温柔茜康达
但求少废话
性急小特莎
不断把话插

忽然不作声
将信又将疑
追随梦中人
共游新奇境
小鸟与小兽
谈笑亦风生

信口编故事
唇干又舌燥
令人才思竭
"下次接着讲"
"现在即下次"
女孩乐不支

漫游奇境记
愈编就愈长
搜肠又刮肚

故事好收场

掉舟回家转

开心小水手

笑脸映夕阳

爱丽丝游奇境

童心记忆存

神秘如梦幻

凋残而遥远

香客一花环

②随机指名学生交流，教师相机补充。

预设1：诗歌中三个让卡罗尔讲故事的小姑娘就是当时牛津大学基督堂学院院长的三个女儿，1862年的一个夏日，卡罗尔带着她们泛舟于泰晤士河上。在河岸小憩喝茶时，他给孩子们编了一个奇幻故事，主人公的名字便来源于姐妹中最伶俐可爱的七岁小爱丽丝。

预设2：回家后，卡罗尔应爱丽丝的请求把故事写了下来并亲自画插图送给了爱丽丝。不久后小说家亨利·金斯莱发现了书稿，他为故事中天马行空的想象力拍案叫绝。在他的鼓励下，卡罗尔将故事进一步加以润色并于1865年以《爱丽丝漫游奇境》为题正式出版。

（4）过渡：在《爱丽丝漫游奇境》出版后的37年之中，卡罗尔收到和回复信件共计98721封。他几乎每信必复。他给孩子们的信，有时别出心裁，写得只有邮票般大小；也有时故意把字写反，孩子要对着镜子阅读才行。卡罗尔有好多粉丝，其中最大牌的粉丝就是当时英国女王维多利亚，维多利亚就跟他说："哇，下一本书，我一定要成为你的第一个读者。"你们想成为他的读者吗？想和爱丽丝一起探险吗？

2. 引入《鲁滨逊漂流记》的文学影响、作者信息，在"无限期待"中开启阅读之旅。

（1）过渡：我们继续走进第二本书。

①法国启蒙思想家、教育家卢梭曾说：每个正在成长的男孩都应该先读读这本书。

②美国《生活》杂志评选人类有史以来最佳书籍，这本书排名在《堂吉诃德》之后，荣获亚军。

揭示：这本书就是航海探险小说的先驱——《鲁滨逊漂流记》。

（2）介绍作者：这本书是由18世纪英国作家丹尼尔·笛福创作的。他是英国启蒙时期现实主义小说的奠基人，被称为"欧洲小说之父""英国小说之父""英国报纸之父"和"现代新闻业之父"等。

·任务二：聚焦情节与人物，发现"变"的秘密·

1.思考：为什么一部小说能征服一代代人？为什么直到今天它依然能引起人们莫大的兴趣？请同学们结合这两本书的书名、封面，以及刚才相关资料的介绍，猜一猜这两本书都会讲些什么内容。

（1）引导学生展开想象，进行充分交流。

（2）教师根据学生的交流，归纳总结为"变"字。

2.走进《爱丽丝漫游奇境》，感受爱丽丝身体的变化。故事共有12章，你们猜一猜爱丽丝的身体总共发生了几次变化。揭示：有13次变化。

（1）聚焦爱丽丝身体第一次发生的变化。

①出示情节（随机指名学生朗读）：

在小门旁边干等不行。她走回小桌旁，希望还能找到另一把钥匙，或至少一本教人缩小成望远镜的书也好。这回她发现了一只小瓶子（"先头肯定不在这儿。"爱丽丝想），瓶颈上贴着纸标签，"喝吧"两个字又大又好看。

……"好啦，哭有什么用！"她严肃地数落自己，"我建议你立刻停下！"她一般都能给自己一些极好的建议（尽管常常不执行）；有时还严厉批评自己，直到眼泪盈眶。记得有一回，她还打自己耳光来着，因为在她独自玩槌球的时候作了弊，这孩子好奇心重，特喜欢假装两个人。可怜的爱丽丝想："现在装两个人也没用啦！瞧哇，变得这么小，连做一个体面人都不够啦！"

②思考：哪位同学能借助下面的表格用简洁的语言说一说爱丽丝身体第一次发生的变化？学生思考之后进行交流。

次　数	吃了（拿了）什么，怎么变	爱丽丝的反应
第一次	喝了小瓶子里的液体变小	忘带钥匙，坐在地上直哭

（2）聚焦爱丽丝身体第二次发生的变化。

①播放电影片段，学生观看。

②引导学生继续借助表格概括出爱丽丝身体第二次发生的变化。

次　数	吃了（拿了）什么，怎么变	爱丽丝的反应
第一次	喝了小瓶子里的液体变小	忘带钥匙，坐在地上直哭
第二次	吃蛋糕，变大	去不了花园，哭个不停，积成大水塘

（3）交流：爱丽丝的身体竟然会忽大忽小，给你留下了怎样的印象？预设：神奇。

（4）教师小结：刚才我们已经提到故事中爱丽丝的身体总共发生了13次变化，剩余的11次等待着同学们在阅读中继续发现。

3. 走进《鲁滨逊漂流记》，感受鲁滨逊内心的变化。

过渡：爱丽丝的身体是在发生变化的，其实鲁滨逊也有变化，他的变化主要体现在哪里？

（1）出示"第一章　矢志远航"中"第一节　出海"片段，引导学生思考：鲁滨逊会听从他父亲的意见吗？预设：显然不会。在鲁滨逊看来，除了航海以外，别的一概都不乐意做。

我生于一六三二年，在约克市的一户好人家，不过原籍不在当地。我父亲是从不来梅来的外国人，他起先定居在赫尔，靠做买卖着实挣了一份产业，后来收掉买卖，住在约克，他在那儿娶了我母亲。我母亲姓鲁滨逊，娘家是当地的望族，母姓成了我的名字，所以我叫鲁滨逊·克罗伊茨奈尔。但是在英国，这个词往往被读错了音。我们现在被叫作……不，我们一家子管自己叫,而且把姓也写作克鲁索,所以我的伙伴们也总是这么叫我。

……

我是家里第三个儿子,又没有学过任何行当,脑子里很早就塞满了胡思乱想。我父亲年纪大,老谋深算,不论是家庭教育还是在当地的免费学校里,总的来说,都让我获得了足够的教育。他本来打算安排我学法律,但是,除了航海以外,我对别的一概都不乐意干。

(2)角色扮演:鲁滨逊的父母并不赞成他的想法,甚至是极力反对他。如果你们是鲁滨逊的父母,你们会怎么劝他?依据故事情节,展开情景剧创作与表演。

①继续出示"第一章 矢志远航"中"第一节 出海"相关片段,引导学生默读,并关注鲁滨逊父母的语言。

②创设模拟情景,四人小组合作,让学生通过"角色扮演"的活动形式,还原鲁滨逊"梦想起航"前遭遇的家庭阻力。

角色一:如果你是鲁滨逊,你怎么跟父母陈述你的梦想,让父母支持你?

角色二:如果你是鲁滨逊的父亲,你怎么引导孩子走向人生正途?

角色三:如果你是鲁滨逊的母亲,你怎么劝导孩子放弃"疯狂"的想法?

③创编"家庭剧场"剧本。

④家庭情景剧表演。

(3)面对父母的劝告,他是怎么想的?出示片段:

我由衷地被这番话感动,说真的,谁能不被感动呢?我打定主意,再也不想出海去,而是按照我父亲的愿望,在家里待下去。

追问:鲁滨逊真的会待在家里吗?继续出示——

但是,唉!只过了几天,我的决心就烟消云散了。

（4）教师引导学生概括出鲁滨逊的内心变化：有被感动，但仍坚持自己的想法。

（5）视频播放鲁滨逊第一次航海的画面，引导学生关注鲁滨逊心理的变化。预设：忏悔。

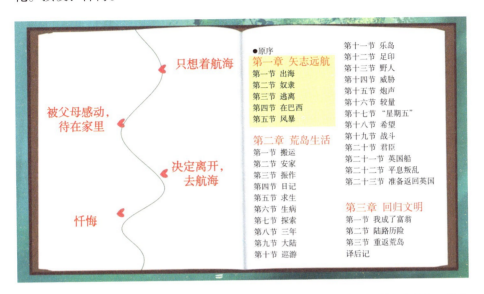

（6）教师小结：通过阅读故事的第一章节，我发现鲁滨逊在漂流的过程中，他一直在作心理斗争，一直在变化。当同学们走进故事之后，大家可以把鲁滨逊的内心活动进行圈画并梳理出来，形成他的心路历程。

·任务三：制订阅读计划，破译"不变"·

1. 实施阅读计划：从随意读到规范读。

（1）过渡：在开启阅读之前，同学们不妨先制订阅读计划，让我们的阅读更加有方向。（见下页表）

（2）出示阅读任务：圈画关键词，完善爱丽丝身体的变化以及鲁滨逊的心路历程。

《爱丽丝漫游奇境》阅读计划			
阅读时间	阅读章节	爱丽丝身体的变化	
		次数	吃了（拿了）什么，怎么变	爱丽丝的反应
		第一次	喝了小瓶子里的液体变小	忘带钥匙，坐在地上直哭
		第二次	吃蛋糕，变大	去不了花园，哭个不停，积成大水塘

《鲁滨逊漂流记》阅读计划		
阅读时间	阅读章节	鲁滨逊心理变化

2. 提升阅读能力：从规范读到高阶读。

当同学们读完这两本书，以及梳理两者的变化之后，思考：尽管爱丽丝的身体、鲁滨逊的内心一直不断发生变化，但有没有什么是不变的呢？

赏读课

发现经典的奥秘
——《爱丽丝漫游奇境》《鲁滨逊漂流记》赏读课教学设计

杭州市余杭区理想实验学校　吴诗清

赏读目标

1. 通过绘制故事地图，梳理两个故事的主要情节，在归纳中发现故事情节的基本结构。

2. 小组交流对人物的评价，通过比较发现两个主要人物身上的共同点。

3. 引入其他故事的梗概，在比较中，从故事内容、人物形象等方面领会两部作品在文学史上的开创意义。

赏读过程

· 任务一：绘制故事地图，在对比中发现情节结构 ·

1. 交流课前阅读单。课前同学们读完了《爱丽丝漫游奇境》和《鲁滨逊漂流记》两本书，并且完成了阅读单，我们请几位同学来分享一下。

（1）每一本书的阅读计划单分别请一位同学上台投屏分享。

（2）用自己的话说说随着爱丽丝身体的变化，爱丽丝的反应发生了怎样的变化，鲁滨逊的心理又发生了怎样的变化。其他同学修正或补充。

2.提出学习任务。通过梳理,我们发现两部作品中的人物内心世界都在随着故事情节的展开而不断变化着。看似无论是故事情节,还是故事人物都很不相同的作品,原来也有相同之处。我们不禁想问:这两部作品究竟有哪些相同之处呢?今天我们运用"比一比"的手法来一探究竟。

3.完成故事地图。

(1)一个精彩的故事首先吸引人的就是精彩的情节,我们的作品探秘之旅首先就从这两个故事的情节入手。你们觉得这两个故事的情节有没有共通之处?说说自己的看法。

(2)我们通过绘制故事地图,也许可以发现其中的小秘密。故事比较长,可以抓关键内容填写。送你一个阅读小锦囊——看目录回顾故事内容,提炼故事情节。《鲁滨逊漂流记》写了鲁滨逊好几次的冒险,我们可以聚焦最重要的一次冒险,暂时忽略前面的内容。

(3)四人小组自主选择一本书,借助目录绘制故事地图,可讨论完成。在绘制故事地图时,大家可根据需要增减项目。

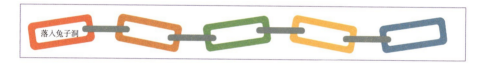

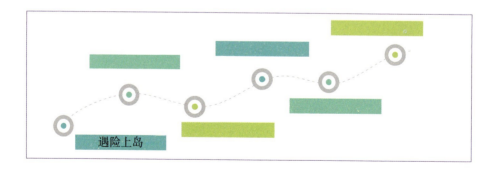

(4)小组完成地图的绘制后,可与其他小组进行交流讨论,以便补充、修正。

4.全班交流故事地图。

(1)分别请两个小组就各自小组绘制的两本书的故事地图进行说明,其他小组可补充或提出反对意见，不要求故事地图内容完全一致。

（2）观察两个故事的情节图，进行比较，发现其中的相同点。

（3）归纳小结：虽然爱丽丝和鲁滨逊冒险的经历看似完全不同，但是通过对比我们发现，这两个故事在结构上有共通之处，可以归纳为：出发历险—遇到困难—努力解决—历险归来。

5.勾连阅读经验。

是不是只有这两个故事有类似的结构呢？在你读过、听过的故事中，还有没有类似的故事结构？回顾神话《女娲补天》的故事情节，感受故事结构的相似性。

·任务二：评价人物特点，在对比中提炼人物形象·

1.探究人物形象。刚才我们关注的是故事的情节结构，接下来我们走近人物。通过课前的阅读梳理，我们发现两部作品中的主人公内心一直是随着故事情节的发展而变化的，除此之外，这两个人物还有什么共通之处吗？说说自己的初步感受。

2.研读文本，评价人物。

（1）自读。分别选择一个文本，回读提示的阅读内容，想一想这个人物留给你印象最深的是什么，选择两个词语写在词卡上。

《爱丽丝漫游奇境》阅读内容：第十二章"爱丽丝的证词"。

《鲁滨逊漂流记》阅读内容：第二章"荒岛生活"。

（2）共读。和小组成员交流自己对人物的评价，求同存异，选择大家最认可的两个评价，把词卡贴在黑板上，重复的不贴。

（3）交流。分别请不同的同学说说自己对人物作出评价的理由。

3.发现人物共性。重新板贴评价词卡，将两组人物评价相近的词语摆在一起，发现两部小说中人物的共性。

4.聚焦文本，加深体会。

（1）出示两组文本，自读：

资料一

忽然,她发现桌子下面有个小玻璃盒子。打开一看,里头有块很小的蛋糕,上面用葡萄干排出两个美丽的字"吃吧"。"好吧,那就吃了它,要是吃了它变大些就能够得着那把钥匙;要是变得更小,就从门缝里爬进去。反正,都能进花园,管它呢!"①

——《爱丽丝漫游奇境》第一章"兔子洞"

资料二

我已经被抛弃在这个可怕的地方,远离人类,没有一丁点儿得救的希望,或者说脱困的前景,但是我一看到我还有活下去的前景,不至于活活饿死,苦恼的感觉就一股脑儿消失了。我开始变得非常自在,着手干起好让自己活下去和填饱肚子的活儿来,而压根儿没有把我身陷困境的苦恼看作是上天对我的一种惩罚。我的脑子里几乎没有这种想法。②

——《鲁滨逊漂流记》第二章"荒岛生活"第六节"生病"

(2) 这两段话都是写主人公面对困境时的内心想法,你发现有什么共同之处?

5. 小结:虽然这两部小说的作者不同,作者创作的目的不同,故事情节不同,但是这两部作品有相似的故事结构,爱丽丝和鲁滨逊这两个人物形象竟然也有相同之处。他们对未知的世界充满了好奇心,在困难面前表现得勇敢、乐观,最终靠自己的智慧、坚强战胜了困难,自己也获得了成长。

·任务三:链接阅读资料,在对比中体会作品价值·

1. 发现作品价值。在启读课的学习中我们就知道,这两部作品在文学史上都享有很高的地位。通过这段时间的阅读、研究与交流,你觉得它们能成为经典作品的原因可能有哪些?四人小组交流,至少找出作品能成为经典著

---

① [英]刘易斯·卡罗尔:《爱丽丝漫游奇境》,黄健人译,江苏凤凰文艺出版社,2019年版,第12页。
② [英]丹尼尔·笛福:《鲁滨逊漂流记》,鹿金译,译林出版社,2021年版,第91—92页。

作的两条理由。全班交流汇报。

2. 比较资料阅读。

（1）出示两组补充资料，将资料一与《爱丽丝漫游奇境》的故事情节进行对比，将资料二与《鲁滨逊漂流记》的故事情节进行对比，说说自己从资料中有了哪些发现。

资料一：［美］弗兰克·鲍姆《绿野仙踪》故事梗概（1900年）

多萝西是一个善良、勇敢的小姑娘，无意之中被龙卷风卷到了奥兹国。在去往翡翠城找大术士帮忙的路上，她遇到了三个朋友。这一路上，他们经历了许多的磨难，最终各自如愿以偿，多萝西也回到了自己的故乡。

资料二：［美］电影《荒岛求生》故事梗概（2001年）

刚刚大学毕业的迈克尔是个富家子弟，和表弟汤米一起去澳大利亚度假。两兄弟钱包被偷了，无奈之下，迈克尔和汤米上了一艘又小又破的船。强盗集团得知迈克尔身价千万，等他们和杰克船长的船到外海海钓后，便开始了追捕行动，使得三人只好弃船逃到海岛上。由于迈克尔没有野外求生经验，又拉不下脸求助于杰克，使得两人争执不断，最终两人分道扬镳，而表弟汤米竟站在了杰克一边。一个人的日子让迈克尔吃尽苦头，还好汤米充当和事佬，使得两人改善了关系。艰苦的境遇也使三个人的感情日益增进。三人在岛上努力寻找逃生对策，最终成功逃了出来。经历了一场生死磨难的三人对世事领悟许多，并决定用举报强盗集团的奖金买下一艘新油轮，开启自己的事业。

（2）交流发现。

（3）小结：这两部作品能成为世界文学宝库中的经典著作，原因是多方面的，但与它们在文学史上具有的开创意义分不开。这两部作品都对后人产生了很大的影响，后人受此启发创作了很多的小说、电影等作品。

3. 课后完成阅读分享。

（1）这样优秀的作品，你准备以何种方式分享给更多人呢？说说自己的设想与计划。

（2）你还可以把这两部作品中的一部分改编成剧本并进行演出。请你再细细阅读，精心选择感兴趣的内容，试着把它改写成剧本，并找同学来演一演。你还可以为你们的演出设计一张海报，吸引更多的人来观看你们的演出。

创读课

挖开"兔子洞"
——《爱丽丝漫游奇境》《鲁滨逊漂流记》创读课教学设计

杭州市余杭区未来科技城海曙小学　王艳霞

创读目标

1. 以猜想人物、辩论"鲁滨逊是英雄吗"等活动，展现阅读吸收和批判性思考成果。

2. 以维恩图、思维导图等学习工具探秘历险类小说的特点，尝试进行想象创编。

3. 以"小主播好书推介"、编制《绝境求生手册》、设计"我是大导演"预告片企划案等延展活动，创造性地表达阅读成果，让阅读赋能自我精神成长。

创读过程

·任务一：回味画面，打开经典·

1. 回味：同学们，我们已经读完《爱丽丝漫游奇境》《鲁滨逊漂流记》这两本经典之作，当我们轻轻地合上书，细细回味小说中的人物、场景以及那些离奇曲折经历的时候，两本书中留存在我们心中依然清晰的是哪个画面?（请多名学生进行交流，教师随机评点这是人物，还是场景、情节等，了解哪些同学和发言的同学有相同感受。）

2.取名：这两本经典小说，如果要给它们取一个共同的书名的话，我们可以取一个什么书名？（预设：一个人的历险。爱丽丝、鲁滨逊都是一个人，漫游奇境、漂流荒岛，都是一场历险。）今天这节课，我们将一起打开脑洞，一起经历一段"挖开兔子洞"的神秘之旅。

·任务二：猜想辩论，走近人物·

第一站：人物我来猜，颁发"爱丽丝奖"

1.关于鲁滨逊。

（1）人物猜想。

请同学们看屏幕——

一个人，

从落难水手变成了自己的国王；

一座岛，

从荒芜之地变成了微型的文明社会。

这句小诗，让你想到了谁？（预设：鲁滨逊·克鲁索）

（2）人物档案。

有人说鲁滨逊是一个迷恋辽阔大海、永不安分的冒险家，读完整本书，你赞同这个观点吗？既然大家都赞同，你能完善这份人物档案吗？（见下页图）

（3）人物辩论。

了解了鲁滨逊，我们不禁要问：鲁滨逊是英雄吗？英国《泰晤士报》曾刊登过一篇评论文章，文章里说（课件出示）——

"一个人，首先应该学会的便是如何生存。"鲁滨逊并未做出什么惊天动地的事，而是和我们一样生活着。这些琐碎的细节是鲁滨逊同困境对抗的过程,而这些困境又是几乎每一个人都曾体会到的:黑暗、饥饿、恐惧和孤独。

荒岛求生28年

①解决短期生存问题:制作木筏,搬运现存资源;建造住所;打猎捕食
②解决孤独精神问题:_____
③解决长期生活问题:_____

一生四次航海

①1651年乘朋友的船出海
②_____
③被俘成为海盗船长的奴隶,逃离当上巴西种植园主
④_____

荒岛三次救人

①解救(　　　)
②解救(　　　)
③解救(　　　)

2.关于爱丽丝。

出示绘本《梦想家威利》封面。作者是英国著名绘本大师安东尼·布朗。在绘本里,威利有很多的梦想,他想成为电影演员、歌唱家,也想成为一名作家,就像《爱丽丝漫游奇境》的作者刘易斯·卡罗尔这样的大作家。

因此,这个画页里藏着安东尼·布朗对这部经典之作深深的致敬。仔细看图,你发现与《爱丽丝漫游奇境》相关联的"人物"有哪些?小组合作讨论交流,派代表发言。[预设:爱丽丝、疯帽匠、红心王后、公爵夫人、兔子先生、柴郡猫、双胞胎兄弟、小婴儿、火烈鸟(槌球棒)、"吃了我"……]

同学们表现很棒,祝贺你们"挖洞"成功,

获得"爱丽丝奖"。

·任务三：探秘特点，尝试创编·

第二站：故事我来编，颁发"白蘑菇奖"

1.情境激趣。

同学们，这些天当老师重温《爱丽丝漫游奇境》《鲁滨逊漂流记》这两本经典之作，沉浸在它们离奇曲折的故事的时候，我突然冒出了一个奇思妙想，你们想不想听？——如果有一天，回到英国的鲁滨逊突然掉进了爱丽丝漫游奇境的那个兔子洞，将会发生怎样奇幻的故事呢？

2.探秘特点。

我们将创编一个奇幻故事。老师发现，有的同学跃跃欲试，有的同学似乎有些畏难。之前我们了解了《爱丽丝漫游奇境》属于荒诞幻想文学，而《鲁滨逊漂流记》则是一部现实主义小说，但它们二者都属于历险类小说。只要我们参悟了历险类小说的故事特点，遵循着人物的个性特征，展开想象的翅膀，我们也能过一回当大作家的瘾呢。

（1）学生自主探究。

荒诞幻想文学和现实主义小说之间有哪些突出的不同点？它们都是历险类小说，在地点设置、主人公生活、故事情节、主题观点、朋友与敌人、故事结局等方面又有哪些相似点呢？

出示维恩图学习单，和同伴讨论完成，全班交流。

（2）教师参与丰富。

教师作为首席读者，展示自己的读书思考，验证、丰富学生的阅读思考。

荒诞幻想文学和现实主义小说之间突出的不同点在于：荒诞幻想文学一般会出现一些特殊的角色人物，比如《爱丽丝漫游奇境》中的兔子；也会有一些具有神秘力量的物体，比如《爱丽丝漫游奇境》中的兔子洞、能让人变大变小的物品，《绿野仙踪》里的龙卷风，《哈利·波特》中的九又四分之三站台、魔法师的魔法棒，等等。

荒诞幻想文学和现实主义小说作为历险类小说，它们的相同点在于：①地点神秘未知；②主人公独立生活；③故事情节险象环生；④成长与自我发现；⑤朋友和敌人相伴；⑥结局温暖……

3. 故事预测。

按照鲁滨逊的身份、个性，如果有一天他突然掉进了兔子洞，预测一下他会怎么办呢？请填写情节图。全班讨论。（课件出示）

4. 故事接龙。

小组接龙创编故事：有一天，鲁滨逊到伦敦一座城堡外的小径散步，突然掉进了兔子洞……（教师随机点评，肯定学生的创意和灵感。）

同学们充满奇思妙想，祝贺你们第二站"挖洞"成功，获得"白蘑菇奖"。

·任务四：创意秀场，赋能生长·

第三站：作品我来秀，颁发"兔子奖"

1. 自选菜单出示。

（1）个人秀：①"小主播好书推介"；②编制《绝境求生手册》。

（2）团队秀：设计"我是大导演"预告片企划案。

组长：	日期：
编剧：	美编：
主要场景（　　）个：1. 2. 3. 4. 5. 6. 7. 8.	
关键事件（将书中的这一章当成全片最精彩的一幕）：	

本电影和原著的主要异同点	1. 相同点
	2. 不同点
备注：	

2. 活动展示。

活动中表现精彩的同学，经全班推选，获得"兔子奖"。

3. 寻找"精神孤岛"。

寻找文学作品中的"精神孤岛"，领悟阅读对于人生的意义：在你的心中，有没有住着一座孤岛呢？（课件出示）

千山鸟飞绝，万径人踪灭。孤舟蓑笠翁，独钓寒江雪。——［唐］柳宗元《江雪》

寻寻觅觅，冷冷清清，凄凄惨惨戚戚。——［宋］李清照《声声慢》

我的心，是一座城，一座最小的城。没有杂乱的市场，没有众多的居民，冷冷清清，冷冷清清。——顾城《我的心是一座城》

也许每个人都有遭遇"精神孤岛"的时候，但王老师相信你们一定会有自己的解决之道。最后我想分享给大家一句话：我是一座孤岛，但热爱、相信是解药。

赏 析

启读、赏读与创读：整本书阅读的任务群框架

闫 学

整本书阅读作为拓展型任务群的一种类型，承接着课内与课外，具有极为广阔的学习空间和极大丰富的学习内容，在《义务教育语文课程标准（2022年版）》所规定的整本书阅读的基本目标之下，不同学段的学习内容呈阶梯循环上升趋势；同时，整本书阅读不同于单篇文本阅读和群文阅读，其学习任务的设计相对复杂，无论是阅读时间的跨度，阅读过程的衔接，还是阅读资源的链接与呈现，以及阅读目标的最终达成，都需要体现在整本书阅读的任务群基本框架之中。但这些学习任务不能散落在零碎的阅读活动中，要实现整本书阅读效率的最大化，就需要搭建相对完整、立体而又环环相扣、有机关联的任务群框架，形成整本书阅读的课程链条，在学生的阅读兴趣、阅读习惯、阅读经验、阅读方法、阅读能力和精神世界等各个方面，都能藉由整本书阅读而抵达更加开阔、高远和丰富的层面。

那么，在整本书阅读的实践中，应该如何去落实呢？近年来，我率领的阅读课程团队在整本书阅读的任务群框架设计方面作了一系列探索和研究，建构了以"启读、赏读和创读"为核心的学习任务群框架的基本模型，也串联了"启读课—赏读课—创读课"的整本书阅读的课程链条。下面，以统编小学语文教材六年级下册第二单元"快乐读书吧"为例，结合课程团队三位教师的教学设计，对整本书阅读的学习任务群框架模型作出阐释。

六年级下册第二单元"快乐读书吧"的主题是"漫步世界名著花园"，向学生推荐了《鲁滨逊漂流记》等经典名著，同时倡导学生可以去读更多的

经典名著。学生在本单元的学习中，已经阅读了世界名著《鲁滨逊漂流记》《骑鹅旅行记》《汤姆·索亚历险记》的经典片段，初步了解了三本著作的创作背景，学习了如何借助作品梗概了解名著的主要内容，以及如何去写作品梗概。在此基础上，安排"快乐读书吧"的"漫步世界名著花园"这一主题，学生的知识基础和阅读背景就不再是一片空白。我们选取了《鲁滨逊漂流记》和《爱丽丝漫游奇境》作为整本书阅读共读书目，搭建起基于这两本经典名著的学习任务群基本框架。

·启读，点燃心中的兴趣之火·

陆智强老师执教的启读课以两本名著中的"变"为切入口，聚焦爱丽丝的身体之变和鲁滨逊的心理之变，带领学生在寻"变"中开启阅读之旅。《爱丽丝漫游奇境》是荒诞幻想小说，怪诞而奇幻的想象贯穿始终，"变"始终是情节推动和人物塑造的主旋律；而《鲁滨逊漂流记》是一部现实主义风格的航海历险小说，"变"既是历险类小说情节结构的特点，也是人物在历险中成长的必然要求。因此，陆老师的教学设计将"变"作为切入口，这一选择非常巧妙：一方面，"变"串联起整本书的主要故事情节和人物成长的过程；另一方面，"变"又回应并激发了学生的阅读期待，点燃了学生心中的兴趣之火。

围绕这一目标，在细节的处理上，陆老师也精心选择文本、视频等不同形式的学习资源，以不断激发学生的阅读兴趣。如，在创作背景的介绍中，分别链接了两本名著在世界文学史上所获得的高度评价及其具有开创性地位的相关资料，以及创作这本书的源头，让学生初步构建起对这两本名著的美好印象，为开启阅读奠定良好的心理基础。同时，通过介绍作者拉近了学生与作者的距离，引发了学生的好奇心：如写作《爱丽丝漫游奇境》的刘易斯·卡罗尔，竟是一位了不起的数学家和逻辑学家，他给读者的近10万封回信经常是别出心裁；而写作《鲁滨逊漂流记》的丹尼尔·笛福，后人冠之以"欧洲小说之父"等一系列名号，这些名号足以让学生肃然起敬。另外，相关影视作品的片段呈现，让学生了解了作品的主要情节，也从侧面反映了两部作品在世界文学史上的重要影响。而引导学生进行家庭情景剧的表演，则是聚焦了人物和情节，"角色扮演"不但点燃了课堂气氛，也让学生深入到人物内心，有助于理解人物的心理之"变"，为后续阅读中探索人物的心路历程开启了第一步。

·赏读，探索经典的奥秘所在·

吴诗清老师的赏读课，立足于帮助学生领略经典的奥秘，鉴赏经典作品的高妙之处。朱自清先生在《经典常谈》一书中有这样的说法："阅读经典的用处，就是教人见识经典一番。"这句话非常透彻、明达，一语道出了阅读经典的意义，也给教学实践带来了启发，那就是在阅读中要发现、抓取经典元素，帮助学生领略经典的奥秘。这需要教师首先具备较高的文学鉴赏能力，同时还要思考如何帮助学生也能领略经典的妙处。

吴诗清老师的设计从情节结构、人物形象、作品价值等方面，帮助学生梳理两部作品的经典元素，引导学生展开了讨论和品评。在这个过程中，吴老师引导学生将《爱丽丝漫游奇境》和《鲁滨逊漂流记》进行比较，在比较中发现两部作品的经典共性，也发现两部作品的不同之处。比较法作为文艺批评的一种重要方法，在教学实践中具有重要意义。在比较中，我们可以发现作品艺术价值的高下，也可以发现不同作品的规律和特性，这些与单独阅读某部作品相比具有一定的优势。而当我们面对的是诸如《爱丽丝漫游奇境》和《鲁滨逊漂流记》这样的经典作品时，将两部作品放在一起进行比较，就可以发现作品中跨越时空的共性元素，以及它们在世界文学史上的开拓性意义。值得一提的是，吴老师不仅将《爱丽丝漫游奇境》和《鲁滨逊漂流记》两部作品进行比较，还链接了另外一部经典名著《绿野仙踪》和电影《荒岛求生》，帮助学生进一步认识《绿野仙踪》深受《爱丽丝漫游奇境》的影响，而电影《荒岛求生》的故事又深受《鲁滨逊漂流记》的启发。在这样的比较品评中，学生更加深刻地认识到《爱丽丝漫游奇境》和《鲁滨逊漂流记》这两部作品在世界文学史上的开创意义，以及对后人的重要影响。这样的赏读课，是一种高阶阅读课，培养的是学生的高阶阅读能力和审美鉴赏能力。

·创读，展现多维的阅读成果·

王艳霞老师的创读课衔接了启读课、赏读课，是在学生将两部作品阅读完毕之后进行的。多年来，关于整本书阅读，我们一直在思考：如何调动学生参与到阅读活动中的积极性和创造性？如何帮助学生在阅读活动中有更多的成就感？如何发挥集体共读的某些优势来提升学生的高阶阅读能力？从广义的角度来看，这些问题也是整本书阅读实践中需要完成的学习任务。我认为，王艳霞老师的创读课提供了一些解决这些问题的方案。她通过设计系列学习任务，以生动活泼、极具创意的形式来帮助学生完成这些学习任务：通过完善人物档案，进行"鲁滨逊是不是英雄"为主题的辩论赛，以及发现安东尼·布朗的经典绘本《梦想家威利》与《爱丽丝漫游奇境》之间的联系，都是站在非常开阔的视角，以生动活泼的形式，引导学生参与进来，在辩论和研究中发表感受，彼此启迪；维恩图学习单的设计与完成，让阅读发现和思考可视化，从较为直观的角度帮助学生认识到荒诞幻想小说和现实主义小说的异同，让这个比较高阶的阅读问题成为学生饶有趣味去探究的过程，而答案的浮现只是水到渠成；故事预测、故事接龙，编制《绝境求生手册》，设计电影预告片策划方案，设想"假如鲁滨逊掉进了兔子洞"这样的问题，这些活动都充分激发了学生的创意和灵感。阅读成为一种媒介，一种手段，目的就是无限地开掘学生的想象力和创造力。阅读不仅"读"出来，还可以"演"出来、"编"出来、"辩"出来、"画"出来、"唱"出来……只要你有足够的想象力，都可以在这样的创读课上发挥出来。而参与这些丰富、生动、多维、立体的阅读活动，前方的召唤是"爱丽丝奖""白蘑菇奖"和"兔子奖"，这些有趣而充满创意的奖项都对儿童有足够的吸引力，成为学习任务达成之后最好玩、最令人期待的奖赏。

至此，启读、赏读和创读，构成了整本书阅读的学习任务群基本框架，也成为整本书阅读课程化的路径与策略。

古典名著阅读课程

启读课

走进水泊梁山
——《水浒传》启读课教学设计

杭州市余杭区未来科技城海曙小学　江小琴

启读目标

1. 借助资料阅读，了解《水浒传》的相关信息，激发对古典名著的热爱，学习"查资料知信息"的阅读方法。

2. 阅读探究回目，初步了解古典名著回目的特点和作用，学习"读回目猜情节"的古典名著阅读方法。

3. 讨论"梁山好汉卡"，学习聚焦人物的品读方法，明确阅读目标，激发阅读期待。

4. 当堂制订个性阅读计划，规划和监督自己的阅读行为，养成持之以恒的阅读习惯。

启读准备

学生：准备一套人民文学出版社的百回本《水浒传》。

教师：准备启读课阅读单、学习单，制作 PPT 课件。

> 启读过程

·任务一：聊《水浒传》，借助资料阅读·

1. 跟学生聊是否读过中国四大名著中的《水浒传》和自己最熟悉的故事情节。

2. 阅读作家作品资料，说说对《水浒传》有哪些新的了解。

教师总结：（贴词卡"查资料知信息"）借助资料，我们一下子就对《水浒传》有了这么多的了解，所以说，借助资料是一种很好的阅读方法。

·任务二：聊"回目"，猜读故事情节·

1. 比较教科书中《景阳冈》的题目和《水浒传》中相应回目，体会回目的特点和作用。

语文书中的课文《景阳冈》节选自《水浒传》第二十三回，对于武松打虎这个故事来说，这两个题目有什么不同？（生答）回目往往提示或概括了这一回的主要人物和事件，所以我们可以借助回目，大体猜测这一回的主要故事情节。（贴词卡"读回目知情节"）

2. 出示《水浒传》前三回回目，阅读思考：回目在结构上有什么特点？

预设：由"人物＋事件"或"地点＋人物＋事件"构成。

3.（出示前十三回回目，不同人物名称用不同颜色标出）仔细观察，看看能发现什么。

《水浒传》常常把一个人物集中在一起写，所以我们在读《水浒传》的时候，既要读一个回目，还要善于把前后回目联系起来读，这样不仅能了解故事的来龙去脉，还能更全面地了解人物。比如，你如果对鲁智深很感兴趣，那么就可以在通读全书之后聚焦有关此人物的相关内容，再细细品读，为鲁智深制作一份"梁山好汉卡"。（贴词卡"品人物制卡片"）

·任务三：聊"好汉卡"，明确阅读成果·

1.（出示卡片模板）同桌讨论：这份"梁山好汉卡"还可以增加哪些内容？或者还可以用什么样的形式制作"梁山好汉卡"？

2.（出示一份做得比较好的人物卡）仔细阅读这份人物卡，看看哪些地方值得我们学习。（性格从优缺点两个方面来总结，比较客观全面；重要事件用图示表示，体现了事件的前后联系和发展顺序；评价也从正反两个方面来总结，具有思辨性。）

·任务四：聊"阅读计划"，引发阅读思考·

1.交流讨论，预估阅读安排。你觉得自己大概可以多长时间读完这本书？你将怎样安排自己的阅读时间？（每天什么时间读书，大概有多少时间读书，可以读多少等。）

阅读这么厚的大部头小说需要极大的耐心和毅力，阅读之前制订阅读计划有利于自我监督，督促自己将这本书很好地读完。（贴"订计划常监督"）

2.展示不同的阅读计划制订形式。（表格式，思维导图式，直接在回目上制订计划。）

3.选择喜欢的方式，制订自己的阅读计划。

4.教师总结，引发思考。

受时代的影响，《水浒传》中有很多与现代文明背道而驰的内容，需要我们在阅读时与作者平等对话，理性思考，进行思辨性阅读。比如，我们应该怎样看待《水浒传》中对女性角色的塑造？书中有孙二娘、顾大嫂、扈三娘这样的女英雄，有潘金莲、阎婆惜、潘巧云这样的饱受争议的女人，也有林冲妻子、金翠莲这样的弱女子。从这些女性角色的塑造中，我们追问：作者或者说那个时代是怎样看待女性的？那个时代的女性拥有怎样的社会地位呢？让我们带着这些问题，对照自己的阅读计划，开启我们的《水浒传》阅读之旅吧。

赏读课

品水浒，探秘妙
——《水浒传》赏读课教学设计

杭州市余杭区理想实验学校　吴诗清

赏读目标

1. 通过阅读计划的实施与"梁山好汉卡"制作方法的分享，培养良好的阅读习惯。

2. 借助目录绘制人物轨迹图，梳理人物事迹，在讨论、交流中发现人物行为背后的社会原因。

3. 通过对梁山好汉行为的比较，体会人物性格的异同，体会人物形象的鲜明性与独特性。

赏读过程

·任务一：分享方法，交流体会·

1. 分享阅读方法。展示阅读计划，分享阅读整本书的方法，包括如何坚持读完全书，遇到困难如何解决等。

2. 分享"梁山好汉卡"。

（1）四人小组交换欣赏"梁山好汉卡"，评选出完成得最好的一位同学参与全班的交流。

（2）小组代表全班分享制作"梁山好汉卡"的方法，包括如何收集、选择、整理资料等。

3.交流阅读体会。

（1）通过上节课的交流我们知道，作为中国四大古典名著之一的《水浒传》受到了历代读者的好评。现在你也加入到了阅读者的行列，你觉得《水浒传》有什么地方吸引你，或者是你感兴趣的？学生发言，写在磁贴上，贴在黑板上。

（2）请学生根据磁贴上的内容进行归类。

·任务二：梳理情节，体会主题·

1.提出问题。读了《水浒传》，我们都知道，梁山上的很多好汉是被逼上山的，他们为何会被逼上山呢？这是很多同学感兴趣的话题，我们结合被逼上山的典型人物林冲作一番探究。

2.回顾情节。出示一组与林冲有关的目录信息，结合目录中与林冲相关的内容，在思维导图中补充相关的情节。

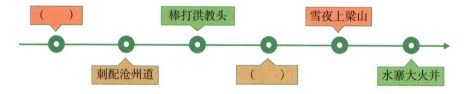

3.寻找原因。

（1）在这些事件中，哪件事真正促使林冲决定上梁山？

（2）在此之前，对待他人的迫害，他一直是什么态度？是什么原因让他彻底死心了？

（3）出示林冲的身份变化：八十万禁军教头—梁山的好汉（梁山贼寇），想一想，是哪些人把他逼上山的？把你想到的人写下来。可以借助目录快速翻看。

（4）如果请你把这些人物归归类，你可以怎么分？

（5）想一想，他们都是因为什么欲置林冲于死地？

（6）小结：正所谓"官逼民反，民不得不反"，林冲虽然百般忍让，最终还是被"逼上梁山"，由此也有了一个成语：逼上梁山。

4. 发现共性。

（1）是不是只有林冲是被逼上梁山的呢？请你从杨志、鲁智深、武松三个人物中选择一位你熟悉的好汉，四人小组交流：这位好汉是出于什么原因被逼上梁山的？相关情节可借助目录进行回忆。

（2）全班交流。

（3）小结：当社会过于黑暗，朝廷过于腐败的时候，普通的民众就只好奋起反抗这个不公平的社会，《水浒传》就是再现了这样一个社会现状。我们读这些好汉的故事，为他们的遭遇感到不公，也被他们的豪气鼓舞，他们就是我们内心情感的代言人。

·任务三：聚焦人物，体会形象·

1. 交流印象。说到《水浒传》，大家脑海里首先跳出来的就是一个个好汉。可以这样说，没有这些好汉，也就没有了《水浒传》的精彩。哪些好汉给你留下了深刻印象？说说理由。

2. 聚焦人物。

（1）在梁山一百零八将中，鲁智深和武松是非常受欢迎的两位，他们武艺高强、嫉恶如仇、见义勇为，身上有很多共同点。这样的两个人物形象是不是雷同了呢？说说你的看法。

（2）鲁智深和武松都曾为人打抱不平，仗义出手，两个人的表现有什么不同呢？出示鲁智深义救金氏父女与武松醉打蒋门神两个片段，说说这两个人物给自己留下的印象。

片段一：金老引了女儿，挑了担儿，作谢提辖，便待出门。店小二拦住道："金公，那里去？"鲁达问道："他少你房钱？"小二道："小人房钱，昨夜都算还了。须欠郑大官人典身钱，着落在小人身上看管他哩。"鲁提辖道："郑屠的钱，洒家自还他。你放这老儿还乡去。"那店小二那里肯放。鲁达大怒，叉开五指，去那小二脸上只一掌，打的那店小二口中吐血，再复一拳，打下当门两个牙齿。小二扒将起来，一道烟走了。店主人那里敢出来拦他。金老父子两个，忙忙离了店中，出城自去寻昨日觅下的车儿去了。

且说鲁达寻思，恐怕店小二赶去拦截他，且向店里掇条凳子，坐了两个时辰。约莫金公去的远了，方才起身，径投状元桥来。

——第三回"史大郎夜走华阴县　鲁提辖拳打镇关西"

片段二：武松听罢，呵呵大笑，便问道："那蒋门神还是几颗头，几条臂膊？"施恩道："也只是一颗头，两条臂膊，如何有多！"武松笑道："我只道他三头六臂，有那吒的本事，我便怕他！原来只是一颗头，两条臂膊。既然没那吒的模样，却如何怕他？"施恩道："只是小弟力薄艺疏，便敌他不过。"武松道："我却不是说嘴，凭着我胸中本事，平生只要打天下硬汉，不明道德的人！既是恁地说了，如今却在这里做甚么！有酒时，拿了去路上吃，我如今便和你去。看我把这厮和大虫一般结果他。拳头重时打死了，我自偿命！"

武松大笑道："你怕我醉了没本事？我却是没酒没本事，带一分酒便有一分本事，五分酒五分本事，我若吃了十分酒，这气力不知从何而来。若不是酒醉了胆大，景阳冈上如何打得这只大虫！那时节，我须烂醉了好下手。又有力，又有势！"

——第二十九回"施恩重霸孟州道　武松醉打蒋门神"

（3）展开想象，思考讨论：如果武松与鲁智深比武，又当如何？小结：梁山一百零八将个性鲜明，毫不雷同，这正是作者用笔的高妙处，正如清人金圣叹所说的这样：

《水浒》所叙，叙一百八人，人有其性情，人有其气质，人有其形状，人有其声口。[①]

[①] 金圣叹：《金圣叹批评本水浒传》，岳麓书社，2006年版，序三第11页。

3.迁移读法。

（1）当我们把在某些方面有相似之处的人物放在一起进行比较时，我们对人物的认识会更加深入。这样的方法也可以运用到对其他好汉的比较中，你觉得可以把谁和谁放在一起比一比？

（2）除了这三位女好汉，书中还有几名女性也给人留下了深刻印象，如潘金莲、阎婆惜等，她们之间有什么共同点呢？《水浒传》中的女性形象又有什么共同点？大家可以在阅读中比较。

·任务四：迁移方法，深入阅读·

1.总结方法。通过今天的交流，你觉得在接下来的时间里，你还可以怎样阅读这本书？

2.提供方法。从下列选项中选择自己喜欢的内容进行阅读梳理，也可以用自己喜欢的方式进行。

（1）画一画。选择自己感兴趣的人物，画一画人物的人生轨迹图，或者画一画你印象最深刻的画面，还可以围绕感兴趣的事件画一画情节图。

（2）比一比。选择自己感兴趣的两到三个人物，从人物的性格特点、英雄事迹等方面比一比。

（3）写一写。选择自己感兴趣的人物或事件，摘录其中的精段句段，试着进行点评、批注。

> 创读课

畅游水浒
——《水浒传》创读课教学设计

杭州市余杭区未来科技城海曙小学　王　睿

创读目标

1. 在学生充分阅读古典名著《水浒传》的基础上，通过水浒综艺秀的形式，学生主动分享阅读成果，获得阅读幸福感。
2. 通过评选说书大王、课本剧演绎、皮影戏演绎、为水浒英雄代言等活动，引导学生深入了解水浒英雄人物与故事，探索水浒背后的奥秘。
3. 链接生活，培养学生"读万卷书，行万里路"的良好习惯。

创读准备

1. 水浒说书人前期选拔。
2. 课本剧、皮影戏《武松打虎》的排练。
3. 制作水浒英雄人物卡。

创读过程

· 任务一：视频介绍，导入课题 ·

1. 播放视频，展示学生们阅读《水浒传》的点滴，展示学生们准备阅读成果时的美好瞬间。

2. 设置情境。

因为前期我们认真阅读，深入思考，最终形成了《水浒传》丰硕的阅读成果，那么现在就让我们一起开启水浒综艺秀。

· 任务二：成果展示，点拨拓展 ·

1. 秀场一：水浒说书大比拼。

（1）前期我们在班级里进行了水浒说书人的海选，最终有两位说书人脱颖而出，男女生各一位，他们分别是……

（2）出示"最佳说书人"的评价标准，两位说书人，分别用不同的说书形式精彩展现《鲁提辖拳打镇关西》《汴京城杨志卖刀》两个故事。

"最佳说书人"评价标准	举止从容 精神饱满	☆☆☆☆☆
	口齿清楚 语言生动	☆☆☆☆☆
	声情并茂 富有表现力	☆☆☆☆☆

（3）学生听完故事参与评价。颁发"最佳说书人"与"最佳评论员"奖状。

（4）教师小结：《水浒传》流传至今，成为经典著作，有很大原因是因为有着一位位优秀的说书人的传承，在生活中，我们也可以将自己喜欢的章节说给身边的人听一听，感谢两位优秀的说书人。

2. 秀场二：经典剧目《武松打虎》展现。

（1）课本剧表演及皮影戏表演《武松打虎》，提前排练，注意细节，精彩呈现。

（2）教师采访：你喜欢《武松打虎》这个故事吗？请说说理由。

（3）出示其他形式的《武松打虎》故事，版画、连环画、绘本、戏剧等。

学生思考《武松打虎》成为脍炙人口、妇孺皆知故事的原因。

（4）教师点拨：故事本身情节精彩，人物形象鲜明，最重要的一点是它寄托了人民美好且朴素的愿望——为民除暴。

3. 秀场三：我为水浒英雄代言。

（1）填写《水浒传》"最"人物风云榜。

读完《水浒传》，给你留下印象最深刻的英雄是谁？
快来让他们登上风云榜并分享给我们吧！

最　智慧　的英雄　　　　　　最　　　　的英雄
上榜英雄：_____　　　　上榜英雄：_____
推荐理由：_____　　　　推荐理由：_____
_____　　　　　　　　　_____

（2）请两位学生带着水浒英雄人物卡上台汇报，展示。

汇报员带着自制的水浒英雄人物卡上台展示，分享自己心目中的风云榜，为自己喜欢的英雄代言。

（3）教师小结：《水浒传》中描写的一位位英雄好汉犹如天上星辰，每位好汉都有自己的特点，在历史长河中熠熠生辉，给我们留下了深刻印象。

· 任务三：链接生活，留下悬念 ·

1.大家都说水泊梁山在山东，其实，它也在我们的身边，你知道是哪里吗？

2.出示图片，《水浒传》就在我们身边。

杭州六和塔、西湖边、西溪湿地等都有《水浒传》的踪影。其中，西溪湿地水浒文化展示馆，包含了钱塘施耐庵故居、马成生水浒研究中心、水浒文化展示，我们在空闲时可以去参观学习。读万卷书的同时，不忘行万里路。

赏析

感受经典的魅力
——古典文学名著《水浒传》整本书阅读设计赏析

闫 学

在小学阶段的整本书阅读课程框架中,以《西游记》《水浒传》《红楼梦》《三国演义》(以下简称"四大古典文学名著")为代表的中国古典文学名著应该占有重要一席。究其原因,主要有以下几个方面:

一是阅读古典文学名著是帮助学生建立文化自信的重要途径。《义务教育语文课程标准(2022年版)》将文化自信作为语文核心素养内涵的重要一维,强调的就是要帮助学生认同中华文化,热爱中华文化,继承和弘扬中华优秀传统文化,具有开阔的文化视野和一定的文化底蕴。而中国四大古典文学名著是中华优秀传统文化的精华所在,也是中华传统文化的集大成者,引导学生阅读这些经典作品,就是在帮助学生认识中华优秀传统文化,培养学生热爱中华优秀传统文化的情感,逐步建立继承和弘扬中华优秀传统文化的自觉意识。因此,引导学生阅读中国古典文学名著,就是在帮助学生建立文化自信,而古典文学名著进入整本书阅读的课程实施框架,就成为一个必然要求。

二是阅读古典文学名著是帮助学生提升思维能力、语言运用以及审美创造能力的过程。中国四大古典文学名著的作者、题材、展现的时代背景、艺术手法等各有不同,但无论是神话题材的《西游记》,展现历史风云的《三国演义》,抑或是英雄豪杰汇聚的《水浒传》,还是展现四大家族兴亡变幻和儿女情长的《红楼梦》，都是艺术成就的巅峰之作。在这些作品之中，我们可以充分感受到经典作品跨越时空的特性，其内涵的丰富性、实质的创造性和无限的可读性，都奠定了在整本书阅读中提升学生思维能力、语言运用以及审美创造能力等各方面的雄厚基础，为师生营造了巨大的阅读课程建构、参与与实施的空间。

三是古典文学名著的丰富性决定了整本书阅读课程化的实施要求。从某种意义上来说，从中国四大古典文学名著中抽取任何一本，带领学生进行整本书阅读，并将之课程化，都是非常必要的，这是由经典作品本身的丰富性所决定的。但古典文学名著的阅读，不能一蹴而就，也不能任意为之，更不能强行推动，应该在教师的引导下，建构阅读古典文学名著的课程链条，通过设计、完成一系列学习任务，达成古典文学名著整本书阅读的整体目标和最大效果。

下面，我们以《水浒传》为例，谈谈古典文学名著的整本书阅读该如何进行阅读设计和实施。总体来说，《水浒传》的整本书阅读，应该指向的是帮助学生感受古典名著的魅力，并在此过程中为提升学生文化自信、思维能力、语言运用能力以及审美创造水平而助力。具体到该阅读设计，主要从以下几个方面展开。

·聚集人物形象，领略创作手法·

《水浒传》塑造了一百零八将，一个个梁山好汉秉性各异，共同铸造了梁山好汉的集体群像，演绎了一幕幕精彩纷呈又令人扼腕的故事。其中，以宋江、武松、鲁智深、林冲等人的故事最令人难忘。赏读课上，教师引导学生聚焦武松、鲁智深这两个人物，结合相关章节，抓住典型片段，通过他们的言行、经历揣摩人物性格，感受作者塑造人物形象的艺术手法。同时，引导学生展开想象，思考讨论：如果武松与鲁智深比武，又当如何？在原著中，武松、鲁智深关系尚属亲厚，自始至终并未交手，学生想象此二人比武，自然是众说纷纭，没有定论。那么，这样的讨论有什么意义呢？其意义就在于，学生无论秉持什么观点，都要结合原著中二人各自的言行、事迹等描写展开观点说明，要做到自圆其说，在这个过程中加深了对人物形象的理解和认识，也进一步感受到作者塑造人物形象的高妙之处。

·梳理情节线索，体会主题内涵·

作为一部经典文学名著，《水浒传》在多方面的艺术成就都是极为丰富的。从创作背景、人物命运、故事情节等方面来看，对《水浒传》的整本书阅读不仅要帮助学生梳理整个故事发展脉络，领略经典人物形象的塑造手法，还要在阅读中体会名著主题内涵。教师引导学生从主要人物林冲入手，阅读相关章节，以思维导图的形式梳理出林冲"逼上梁山"的情节线索，讨论林冲的心路变化历程，再结合杨志、鲁智深、武松等人各自被逼上梁山的经历，就会深刻感悟到：当社会过于黑暗，朝廷过于腐败的时候，普通民众奋起反抗不公平的社会，就成为必然的选择。这样的讨论加深了学生对古典名著的主题内涵的理解，也站在更高的层面上理解了阅读经典名著的意义和价值。

·组织话题思辨，点燃思想火花·

要在阅读中不断激发学生的思维，提升学生的批判性思维能力和审美水平，组织恰切生动又具有讨论价值的话题是非常有必要的。在启读课和赏读课上，教师组织学生围绕着《水浒传》中的女性角色进行了讨论：扈三娘、孙二娘、顾大嫂以及潘金莲、阎婆惜等，她们有的武艺高强，跟男性一样在战场厮杀，名列梁山好汉一百零八将，有的容貌美丽但命运多舛，其悲剧结局令人叹息。那么，这些女性形象有什么异同点呢？她们的悲剧命运究竟是怎么造成的？该如何看待？无论是从宏观的视角，还是从微观的视角来看，《水浒传》所展现的历史背景、好汉聚集的梁山水泊都是绝对的男权社会，因此，对女性角色的关注是一个全新的视角。这样的话题思辨，引发了学生强烈的兴趣，点燃了思想的火花，有助于提升学生的高阶阅读能力。

·演绎精彩故事,感悟经典魅力·

《水浒传》的故事脍炙人口,在民间有很高的传播度,同时各种影视、戏剧、图画书等艺术作品也多种多样。这些丰富多样的艺术表现形式,反映了经典作品的丰富性、无限的可读性和跨越时空的特性。在创读课上,教师组织学生通过自己喜欢的方式来演绎这些经典人物,展现他们的精彩故事,深入感受古典名著的魅力。如,与学生一起欣赏由《水浒传》经典章节改编的戏剧和影视作品片段,通过制作"梁山好汉卡"、梁山好汉人物秀、表演极具中国地方特色的山东快板、皮影戏等传统艺术形式展现精彩故事片段,分享交流阅读成果,在生动活泼、饶有趣味的活动中进一步感悟经典魅力。

总体来说,以上关于《水浒传》的整本书阅读设计,为古典文学名著的整本书阅读提供了可资借鉴的案例。

科普名著阅读课程

启读课

走进迷人的科学世界
——《十万个为什么》启读课教学设计

杭州市余杭区未来科技城海曙小学　徐莲君

设计意图解析

启读课的主要目的是激发学生的阅读兴趣，让学生不由自主地去阅读。米·伊林的《十万个为什么》是科普作品，以传递知识为主，语言通俗易懂。这节启读课旨在通过学生的实践活动，学习三大阅读妙招——绘制屋子旅行路线图，提出问题并印证、解决，边读边做批注。引导学生通过绘制屋子旅行路线图来整体把握整本书的内容，通过提出问题并印证、解决来激发学生阅读兴趣，通过边读边做批注来感受这本书有趣的内容和生动的语言，从而激发学生自主阅读、持续阅读。

启读目标

1.通过绘制屋子旅行路线图、做批注，初步感知《十万个为什么》内容的有趣和语言的生动，激发学生对科普作品的阅读兴趣。

2.能提出问题并印证，遇到不理解的问题时，能用学过的方法去解决，激发学生自主阅读。

3.通过制订阅读计划表，完成阅读任务，激发学生读整本书，能持续阅读。

启读过程

·任务一：回顾旧知，质疑激趣·

1. 回顾单元主题。

（1）出示单元导语：蓝天、森林、大海，蕴藏着自然的奥秘；过去、现在、未来，述说着科技的精彩……（生齐读）

（2）这个单元的课文有一个共同的特点——科普文。知道什么是科普文吗？

科普文就是向大众普及科学知识的文章，如果写成一本书就叫科普书，你阅读过哪些科普书？

2. 提问、质疑。

（1）今天我们就要开启一本科普书的阅读之旅，这本书是科普书的鼻祖，它就是米·伊林的《十万个为什么》。看到这个题目，你有什么疑问吗？（预设：这本书真的有十万个"为什么"吗？这些问题都是关于什么的呢？）

（2）这个题目来源于英国作家、诺贝尔文学奖获得者卢·吉卜林的一句话——五千个哪里，七千个怎样，十万个为什么。其实《十万个为什么》中并没有十万个"为什么"，它是指有许许多多问题等着我们去发现。

·任务二：由浅入深，整体感知·

1. 观察封面、封底。

（1）请仔细阅读这本书的封面，你获得了哪些信息？（预设：书名、作者、译者、出版社。）

（2）相机介绍作者：米·伊林，苏联著名的科普作家，他的科普作品深受我国读者喜爱。

2. 观察扉页。

这本书是什么时候出版的？这已经是第几次印刷？你从中知道了什么？

3. 读目录。

（1）米·伊林的《十万个为什么》如此吸引读者，它究竟是一本怎样的书呢？读读目录，你发现了什么？（预设：每一个站点都是家中的一个地方。每一个站点下都有很多问题，而且这些问题都是围绕站点提出的。）

（2）浏览整本书，用自己喜欢的方式绘制屋子旅行路线图，可以是表格式、阶梯图、情节图，也可以图文结合。

（阅读妙招一：绘制屋子旅行路线图。）

4. 小结：读米·伊林的《十万个为什么》就像是跟随米·伊林在自己的屋子里进行了一次深度旅行，他选取了六个"旅行站点"：自来水龙头、炉子、餐桌和炉灶、厨房锅架、碗柜、衣柜，针对每个站点中常见的事物，提出了许多看似简单却不那么容易回答的问题。

· 任务三：深入阅读，解决问题 ·

1. 阅读片段，解决问题。

（1）请大家打开语文课本，阅读书上的这个片段。

> 你们家里每天总有人生炉子，煮马铃薯。也许你自己就很会生炉子或者煮马铃薯。可是请你解释一下：为什么炉子里的柴会毕剥作响？为什么烟会走烟筒出去，而不向屋里冒？煤油燃烧的时候，从哪里来的烟？为什么烘烤的马铃薯有一层硬皮，煮的却没有？恐怕你不能解释明白吧。或者问你：水为什么能灭火？我的一位熟人回答说："水能灭火，因为它又湿又冷。"可是煤油也又湿又冷，你倒是试试用煤油来灭火吧！不，你还是不试为好，一试就得报火警了。你看，问题挺简单，可是要回答它却不那么容易。我再给你猜十二个关于最简单事物的谜，你愿意不愿意？
> ——选自苏联米·伊林的《十万个为什么》，
> 董纯才、邹信然、祝修恒译，有改动

（2）这个片段提出了多个问题，你找到了吗？你将如何解决呢？交流课前学习单。

遇到问题我解决（查找资料、联系上下文、联系生活、请教他人）			
问　题	解决方法	答　案	我的感受

（3）在绘制旅行路线图之后，可以继续丰富路线图，在每一个站点中猜测作者提出的问题并印证、解决问题。

（阅读妙招二：提出问题并印证、解决。）

2.再读读这段话，有什么感受呢？边读边做批注。

（1）预设：语言很亲切自然，幽默生动，比如"不，你还是不试为好，一试就得报火警了"，读起来非常幽默。

（2）我国著名科普作家高士其这样夸奖这本书："内容丰富，文字生动，思想活泼，段落简短。"做批注就是阅读这本书的小妙招。

（阅读妙招三：边读边做批注。）

3.尽管这本书语言幽默生动，但是科普书中都会出现一些科技术语，遇到科技术语怎么办呢？（预设：可以通过查找资料、联系上下文、联系生活、请教他人等方法来理解。）

4.自主选读章节。

赶快运用学到的三大妙招，自由读一读感兴趣的章节吧！学生交流阅读章节，谈收获。

· 任务四：制订计划，持续阅读 ·

1.制订阅读计划表。

《十万个为什么》阅读计划表			
时　　间	阅读章节	阅读时间	阅读收获
第1周			
第2周			

2.阅读任务。

（1）绘制屋内旅行手账。

（2）举办知识竞答。

3.米·伊林的《十万个为什么》写于1927年，将近100年过去了，科学技术有了很大的发展，对于书中的问题，你会有哪些新的发现呢？从今天开始，我们就要开始《十万个为什么》的探索之旅了，希望大家坚持阅读，期待大家的阅读成果。

赏读课

聚焦阅读策略，实现个性阅读
——《十万个为什么》赏读课教学设计

广东省深圳市格致中学小学部　唐翔云

设计意图解析

《十万个为什么》是苏联作家米·伊林的科普文学作品，本书把文学和科学结合起来，用文艺的笔调、生动的比喻、典型的事例、诗一样的语言，讲述科学知识，作品既行文活泼而又逻辑严谨。这样兼具阅读趣味性与知识性的文学作品是非常适合小学生阅读的。而统编语文教材把《十万个为什么》放在四年级下册第二单元——科普文章阅读后的"快乐读书吧"，编者目的非常清晰：让学生围绕"提出不懂的问题，并试着解决"的单元阅读要素，实践在单元课文学习中学到的解决问题的方法，带着问题边读边思考，最终实现高效的整本书阅读。

基于这样的目标，教师作为阅读引导者，在本次赏读课活动中重点是带领学生在阅读任务的驱动下，提高学生的阅读兴趣，教给学生阅读策略，最终完成整本书的阅读活动。同时，阅读是一个充满个体特点的行为，尊重个体阅读喜好，让学生形成独立的阅读思考，也是教师带着学生进行本次阅读活动的教学重点。

赏读目标

1. 了解米·伊林的《十万个为什么》的写作特点：以屋内旅行记的方式，对日常生活中的许多事物提出饶有兴味的问题，并进行有启发性的解释。

2. 在阅读活动中，激发学生阅读的兴趣，教给学生"提问""推理""对比""思辨"等阅读策略，在阅读任务驱动下实现高效阅读。

3. 在教师引领以及同伴的合作探究过程中，形成自己的阅读观点，实现个性化的阅读。

赏读过程

·任务一：提问——"制作问题清单"·

1. 了解课前阅读情况。

（1）学生课前完成预读单，教师在开课时查看学生完成情况。

师：同学们，导读课上你们了解了作者，解读了封面，读了目录，也自己初读了这本书，那么大家的《十万个为什么》预读单填得怎么样了呢？

	生活中的经验	我的问题
自来水龙头		
火炉		
餐桌和炉灶		
厨房锅架		
碗柜		
衣柜		

（2）交流填表情况。

学生在看到作者屋内游览的几个位置后，根据自己的前期知识，写一写自己已经知道的内容，并且写出自己的问题。交流过程中，调动学生已有的生活经验，启发学生探寻问题答案的好奇心。

2. 聚焦内容，聚焦问题。

聚焦"自来水龙头""餐桌和炉灶"两块内容进行交流。

（1）小组交流，分享问题。

学生在小组里交流自己提出的问题，在交流的过程中将自己的思考与组员分享，把一些无效的问题筛选掉，归纳出有共性的问题，提取出大家都感兴趣的问题。

（2）全班讨论，聚焦问题。

每个小组提取最想知道的三个问题写在分享板上，教师将同学们的问题进行二次归纳，带着这些问题进入书籍的阅读。

·任务二：推理——"科学可以很……"·

1. 从"科学可以很……"发现内容的新颖。

（1）学生阅读书籍的第一章"自来水龙头"，完成下面的阅读记录表。

主　题	我最感兴趣的问题	书中的答案	我的感受
自来水龙头			科学可以很_____，原因：

（2）谈阅读感受。

在学生阅读感受基础上，教师给出一个句式"科学可以很……"，让学生展开讨论，如：

科学可以很幽默：15、16世纪的巴黎人的故事太有意思了，皇宫里居然还有那么多臭虫。

科学可以很欢乐：读到皇宫豪华的床顶帐幔里时不时掉出臭虫，我都忍不住笑出了声。

科学可以很疯狂：德国发生的爆炸事件，居然把周围的房屋全部炸毁了，蒸汽锅的碎片甚至飞到了距离爆炸地点半公里以外的地方。没想到水居然有这么大的杀伤力。

……

2. 从"出乎意料的回答"中发现表达的新颖。

读了作者的问题,再看看作者的回答,有没有什么回答出乎你的意料?如:

生:作者说到水龙头,在问题里却问到了冰的威力,跳跃性真强,我的好奇心一下子被激发了。

生:"有没有不透明的水和透明的铁"这个问题太有趣,我原来觉得水肯定是透明的,这也用问吗?看了答案才知道原来水也可以不透明啊!

……

教师小结:意料之中的问题,出乎意料的答案。科学真的千奇百怪,作者慧眼如炬,把这些你想象不到的知识摆到了你的面前。

·任务三:对比——"我最感兴趣的科学问题"·

1. 在对比中发现表达的特色。

当学生对文章中幽默风趣、生动活泼的行文有一定的感知后,教师进一步引导学生以对比阅读的方式品读文本。内容如下:

对比读一读原文和科普内容介绍,两边的文章有什么不同?你更喜欢哪一种表达,为什么?

原　文	科普内容介绍
我们再回到巴黎去看一看,这里的人很少换衣服,一个月换一到两次。在那个时代,人们关心的并不是衬衣干净不干净,而是袖口上的花边名贵不名贵,胸襟上的绣花漂亮不漂亮。到了晚上,人们会把衬衣和其他的衣服一起脱掉,然后光着身子入睡。 只是到了大约两百年前,人们的衣服才开始换得勤了些。 手帕也是不久之前才开始使用的,距今也不过二三百年的时间。最先开始使用手帕的也不过寥寥数人。在贵族名流中,有很多人都认为手帕是一种并不需要的奢侈品。 床上挂着的华丽帐幔其实并不只是为了美观,更多的是为了挡住从天花板上掉下来的虫子。在某些古代的王宫里,至今还保留着那种防臭虫的伞。即便是在王宫里,臭虫也多得是。帐幔对防臭虫起不到什么作用,在它的褶皱里,臭虫过得还是很舒服的。	15、16世纪,在法国巴黎,因为用水的困难以及人们自身清洁观念的缺乏,巴黎居民一个月左右才更换、清洗衣服,居所中常常滋生很多臭虫,卫生情况堪忧。

学生经过对比阅读，发现《十万个为什么》有以下几方面的优点：

（1）举出实例，让读者身临其境；

（2）语言幽默风趣，生动活泼；

（3）围绕一个问题拓展出其他问题，条理清晰。

2.在对比中发现提问的方法。

学生在教师的引导下发现了米·伊林的写作特色后，再阅读另一章内容"餐桌和炉灶"。

（1）聊一聊最感兴趣的科学问题。

围绕作者的写作特色，学生再谈一谈读这一章内容时"我最感兴趣的科学问题"，重点谈自己为什么对这个科学问题感兴趣，作者又是以怎样的方式传递这个科学知识的。

（2）通过"科学小讲堂活动"进一步了解这本书的语言特色。

通过"科学小讲堂活动"，让学生用作者的语言复述科学小知识，让学生在活动中进一步发现作者语言的生动幽默。

教师：作者写得这样生动有趣、风趣幽默，你也能这样把你最喜欢的科学问题说给别人听吗？科学小讲堂开讲了，小小科普员们，你们准备好了吗？

（此环节，可以允许学生创造性地进行复述，可以加上一定的表演和改编。）

·任务四：思辨——"我的追问"·

1.回顾问题，进一步思考。

读了"自来水龙头"这一章以后，同学们在课堂开始时的问题解决了吗？

（1）已经解决的问题，说说自己的收获。

（2）没有解决的问题，说说自己寻求答案的方法。

2.总结方法，进一步追问。

（1）在阅读后，你又有了哪些新的问题？

（2）你准备用怎样的方式解决这些新问题？（查找资料，询问老师，亲身实践等。）

（3）如何将你的发现告诉别人呢？你有没有什么好方法？（提出一个别人感兴趣的问题，讲故事，回顾事件等。）

教师总结：《十万个为什么》这本书经过这么多年，走过这么多个国家，得到那么多孩子的喜爱，确实是有着独特的魅力的。下节课，我们继续走进《十万个为什么》，探寻书中的奥秘。

赏读课

阅读过程策略化，联结比较多元化
——《十万个为什么》赏读课教学设计

杭州市余杭区育才小学　汪　琼

设计意图解析

统编教材科普阅读单元的阅读要素为：提出不懂的问题，并试着解决。作为本单元大概念，它贯穿课文和整本书阅读教学中。"快乐读书吧"推荐苏联米·伊林《十万个为什么》，带着我们进行了一次室内旅行，对自来水龙头、火炉、餐桌和炉灶、厨房锅架、碗柜、衣柜等，提出很多看似平常其实并不平常的问题。问答是这本书的基本结构方式，学习并掌握解决问题的阅读策略是本次赏读课的重点，而阅读策略是读者在阅读过程中为达到阅读目的而自觉运用一系列认知程序和手段，这需要学生反复学习。

同时，联结也作为重要策略进入此节赏读课。问题答案和生活经历的联结，让日常困惑迎刃而解，反过来可以激发学生持续阅读的兴趣，也让整本书阅读从书内跨向书外，联通生活世界。"快乐读书吧"还推荐了中国版《十万个为什么》，同一主题不同书籍之间的联结和比较阅读，让学生进行分析、比较、判断，能提高批判性阅读的能力。

既然是"快乐读书吧"，图文结合描述答案、抢答、PK赛等多样而有趣的阅读形式的采用，则能让学生在活动中真实体验阅读是快乐的，从而推动阅读的持续和深入。

> **赏读目标**

1. 从寻找书本问题答案出发，通过判定文本结构形式，选择贴切的形式呈现问题答案，练习掌握解决书本问题的阅读策略。

2. 通过和生活经历等的联结，解开现实困惑，深化阅读兴趣；借助同一主题不同文本的比较阅读，提升批判性阅读的能力。

> **赏读准备**

1. 学生初读过苏联米·伊林《十万个为什么》（南方出版社，2018年10月出版）。

2. 两份阅读策略单。

> **赏读过程**

·任务一：名言导入与作品回顾·

1. 名言导入。

以下这句话，你觉得可以送给你读过的哪些书？为什么？

科学书籍让人免于愚昧，而文艺作品则使人摆脱粗鄙；对真正的教育和对人们的幸福来说，二者同样的有益和必要。

——车尔尼雪夫斯基

学生联想、交流，并简要说出理由，借此概括科普阅读的价值。

2. 作品回顾。

（1）学生回忆、整理：苏联作家_____在家里_____、_____、_____等处散步，走了_____多步，写成一本有趣的小书_____。书名来自英国作家卢·吉卜林的一句话：五千个_____，七千个_____，十万个_____。他运用了生活化的语言，结合有趣的故事，让枯燥的物理、化学知识变得生动有趣，解答了我们一系列的问题。

（苏联作家米·伊林在家里水龙头、炉灶、餐桌等处散步，走了20多步，写成一本有趣的小书《十万个为什么》。书名来自英国作家卢·吉卜林的一句话：五千个哪里，七千个怎样，十万个为什么。）

（2）这节课，我们看看如何寻找问题答案，如何呈现答案更好玩。我们还要进行抢答游戏和PK赛，考考你的反应力、合作力和辨析能力。

·任务二：判定文章结构·

1.过渡。

科普文章，答案就藏在文章当中，但为了将不同的知识解说明白，作者采用的结构方式是不同的，常见的方式有哪些呢？

2.判定文章结构。

（1）出示"《十万个为什么》文章结构形式"学习单。

《十万个为什么》文章结构形式

类型图表	说明描述类	比较类	问题与解决方案	时间顺序类	事实列举类

问题：	
答案：	图文展示：

（2）阅读"什么时候人类开始学会取火的"，思考并交流它的结构类型。

预设：

①原始人将火种带回家；

②后来点长明灯；

③再后来使用火柴；

④爱迪生发明灯泡。

最终判断这篇文章属于"时间顺序类"。

（3）阅读"水能不能炸毁房屋"，思考并交流它的结构类型。

预设：

①水蒸气将一座五层楼高的楼房炸毁，炸死23人；

②德国22个蒸汽锅同时爆炸，周围的房屋基本被炸毁；

③日常生活中，每天有几千个蒸汽锅爆炸，比如木柴燃烧噼噼啪啪作响也是，只是爆炸小，不太可怕。

最终判断这篇文章属于"事实列举类"。

3. 小结此板块策略。

非虚构类文章有不同的结构类型，我们要学会分析、判别作者采用哪种结构类型呈现答案。

4. 继续发现。

实际上非虚构类文本结构类型很多，继续阅读、发现和寻找此类文本不同的形式结构。

· 任务三：感悟形式影响内容 ·

1. 策略练习。

学生从两个问题"什么时候人类开始学会取火的""水能不能炸毁房屋"中选择一个，采取对应的形式独立完成，再交流共享。

2. 交流、比较。

学生交流两个答案的呈现形式。在比较中体会科普作家为了激发读者对科普读物的阅读兴趣，会根据不同问题设计不同的回答形式，形式贴合内容，让答案更清晰、生动，使读者对问题的理解更深入。

3. 小结阅读策略。

根据文本结构类型，选择对应的形式呈现答案，会让理解更深入。

·任务四：阅读需走向书外·

1. 过渡。

找到问题答案，阅读才走了一半，阅读需要走向你自己或你的生活经历。比如"水能不能炸毁房屋"的答案，让你产生哪些联想呢？

2. 出示"《十万个为什么》问题答案联结单"。

小组内讨论后，轮流写下自己的联想，再交流。

《十万个为什么》问题答案联结单		
问题：水能不能发生爆炸？		
答案让我想到自己的生活经历。	答案让我想到最近或之前发生的事情或新闻。	答案让我想到最近或之前读过的书或文章。
现在我明白了：		

3. 展示与小结。

在交流中感知同样的答案，每个人产生的联想不同，获得的感受也不同，这和每个人前期经验和知识有关。阅读向书外行走，和自身或生活进行联结，才能更好地理解答案、我们自己以及周围的世界，从而改变认知。

·任务五：阅读如此欢快——抢答与PK·

1. 过渡。

米·伊林《十万个为什么》，借用的是卢·吉卜林的诗句，其实只有5万字、60个左右的问题，却是科普创作的鼻祖，比如中国版《十万个为什么》就受它的影响而诞生，书中附录部分的内容就来自后者。下面我们进入游戏抢答环节。

2. 出示抢答规则。

（1）公布题目后，找到对应内容，两分钟小组阅读与商讨：A同学回答问题，B同学根据A同学的回答提炼1~3个关键词板书，C同学补充说明方法，D同学进行趣味分享。

（2）两分钟准备时间结束后抢答，最先举手的为抢答组。回答时不得翻书，时间为两分钟，超时不计分，不重答。按时全部完成的小组计10分。总共3题。

3.抢答题目如下：

（1）为什么萤火虫会发光？

（2）为什么鸟儿会撞坏飞机？

（3）多晒太阳可以让人长得更高吗？

4.颁奖典礼。

根据得分，评选出最佳阅读合作小组。

5.两大《十万个为什么》PK赛。

（1）苏联版《十万个为什么》启发了中国版《十万个为什么》，但二者无论内容、写法、结构都不相同。回顾这两套书，你比较喜欢哪一套？请在便利贴上写出1~3个理由。

（2）学生板贴、分享各自的选择及理由。老师由此总结：比较阅读，了解同一种类型书籍的同和异、优势与不足，可以提高自己批判性阅读的能力。

· 任务六：运用阅读策略，形成综合能力 ·

1.四大阅读策略指向两大核心问题。

让学生回顾四大阅读策略，并进行分类和整理，形成结构图，将策略系列化：

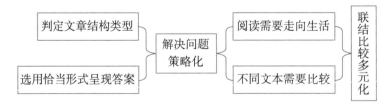

形象感知从书内阅读走向书外阅读的相关性和拓展性，从而达成阅读理

解和运用能力的深化。

2.综合能力来自高阶练习。

选择《十万个为什么》中感兴趣的其他问题，和小伙伴一起，借用本课所采用的系列阅读策略，继续阅读之旅，深化阅读能力。

创读课

让科学创作的种子生根发芽
——《十万个为什么》创读课教学设计

杭州市余杭区未来科技城海曙小学　王　睿

设计意图解析

"五千个哪里，七千个怎样，十万个为什么。"这是英国作家卢·吉卜林的一句话。这句话蕴含着生活中处处都是"为什么"的道理。统编教材将《十万个为什么》编进四年级下册第二单元"快乐读书吧"，这是对科普单元的拓展和延伸。结合本单元语文要素"阅读时能提出不懂的问题，并试着解决"，旨在增强学生主动提问的意识，养成阅读时积极思考、主动解决问题的良好习惯。

基于以上两点，本节课的教学重点设定为在真实情境中培养学生的问题意识和提问能力，并在此基础上能试着去解决问题。具体而言，教师通过引导学生细致观察真实生活，学习米·伊林《十万个为什么》的写作方法，以小组合作的方式创作一本全新的《十万个为什么》，在实际需求中丰富学生的科学知识，点燃创作思维。除此之外，通过设计书腰、封面及目录等活动，丰富创读体验；通过宣讲拍卖活动，分享科学创作感受，体会科学创作乐趣，在学生心底埋下科学创作的种子。

创读目标

1. 探索科学世界里的奥秘，观察生活，提出感兴趣的问题，并尝试解答。
2. 学习米·伊林《十万个为什么》的写作方法，小组合作完成《十万个为什么》整本书的设计。
3. 通过设计推荐语、参与拍卖会等活动，感受创作乐趣，并分享创作感受，激发学生持续阅读其他科普作品的兴趣。

创读准备

1. 苏联米·伊林版的《十万个为什么》。
2. 一份学习单、一份自评表。
3. 绘画工具。

创读过程

·任务一：竞赛比拼，激活思维·

1. 我来说，你来答。
（1）师引导：这两个星期，我们跟随米·伊林在屋子里旅行，在知识的殿堂里遨游。他在书中提出了许多问题，你们知道这些问题的答案吗？
（2）抢答游戏。师逐一出示问题，各小组抢答。
（3）小组交流：生轮流提一个问题，全班抢答。
2. 我来导，你来演。
（1）师创设"旅行站点"，学生扮演米·伊林提问。
师引导：站在他家的水龙头前，他开始思考有关水的问题。（生"开火车"提问：水为什么能灭火？人们为什么用水来洗涤？……）

师引导：走到他家的炉子旁，他开始思考有关火的问题。（生"开火车"提问）

师引导：看到餐桌，让他想到了许多问题。（生"开火车"提问）

师引导：他家的厨房，又让他想到了许多问题。（生"开火车"提问）

师引导：站在碗柜和衣柜前，他再次想到了许多问题。（生"开火车"提问）

（2）师过渡：大家看，米·伊林把生活中简单的事物想得如此有趣，让周围平淡无奇的事物散发着科学的光，最终成就了这本经典的科普作品，真了不起！其实我们也可以学习这位大师，尝试用笔记录下生活中的现象，并用科学知识来解释它，创作一本属于自己的《十万个为什么》。

·任务二：小组合作，创编书籍·

1. 观察教室，模仿提问。

学生分小组仔细观察教室里的细节之处，分享自己感兴趣的现象，提出疑问，并调动生活经验和科学知识尝试解答。组长汇总组员成果，填写表格。

我的《十万个为什么》		
我观察到的现象	我提出了"为什么"	我解答了"为什么"

2. 精选内容，编写故事。

师过渡：在赏读课中，我们已经发现了米·伊林的《十万个为什么》与一般的科普作品不同。他的讲述娓娓动听，让我们读起来津津有味，他给内容施了三大"魔法"，分别是：①简明的叙述；②有趣的故事；③生动的语言。

（1）根据本小组的观察发现及提问，借助米·伊林的"三大魔法"编写本小组的《十万个为什么》。

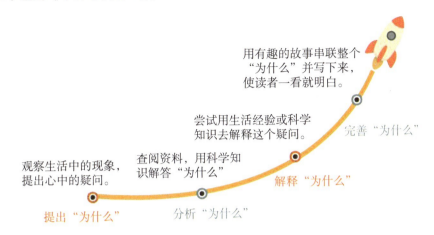

（2）教师引导学生对照书中的描述，细致修改文章，完善"为什么"。

3. 分类整理，制定目录。

一人写一篇，《十万个为什么》的创编就完成了，组长收集大家的作品并将作品分类整理，生成本书目录。

4. 动手设计，美化书籍。

（1）为本小组的《十万个为什么》设计书腰，绽放它的光芒。

师过渡：一本完整的书由封面、环衬、书腰、书签带等组成，（师重点讲解如何设计书腰）其中书腰是很重要的一部分。书腰就是书籍中间地带另置一条类似腰带的文字介绍，以配合行销或书籍推荐。很多人认为制作吊人胃口的书腰是行销要件之一。

（2）出示学生设计的书腰作品，生讨论：说一说书腰的特点。

书腰上可以记录全球畅销多少册、某某名人推荐、得奖纪录、一句出自重量级人物的强而有力的证言，这样一秒钟就说明了此书有多么伟大，一分钟就足够让读者决定要不要买下来。

（3）以小组为单位，为本组创编的《十万个为什么》设计一句适合写在书腰上的话。组内评比，票选最高的那一句，集体修改，准备发布。

（4）小组合作完成书腰和封面设计，为本组《十万个为什么》整本书的设计锦上添花。

（5）推选优秀成果，全班展示。

·任务三：宣讲拍卖，分享成果·

我有一个苹果，你有一个苹果，我们彼此交换，仍然只有一个苹果；我有一种思想，你有一种思想，我们彼此交换，那么我们将有两种思想。

——萧伯纳

小主持人向大家介绍了竞拍规则：每个小组按照抽签顺序依次走上讲台向其他小朋友分享本组的创作成果。每小组用两分钟分享此书的创作理念及最大特点，以吸引更多的竞拍者参与竞拍。

1.进班宣讲，推荐成果。

每位同学拿着自己竞拍的书籍现场宣讲介绍，并说出本组竞拍的口号。当老师发出竞拍指令后，场下感兴趣者拿着自己亲手制作的手卡挥动示意。点到谁的名字，谁就可以参与竞价，当最后价格无人竞拍时，拍卖师便依次发出一次、两次、三次直到成交的口令，当次拍卖即结束，并现场交易。

2.现场采访，分享乐趣。

小主持人：瞧，在我们的活动现场，小记者们正忙着采访呢！下面我们把镜头切换到采访现场——

（1）小记者采访：请问老师，您对我们这次的读书活动有什么意见？

（2）小记者采访：请问这位同学，你为什么会选择竞拍这本书？这本书最吸引你的是什么？能拍下这本抢手的书，你有什么想和大家分享的？（师生评议）

（3）小记者采访：请问这位同学，这次读书活动对你阅读《十万个为什么》有什么帮助？你现在最想说什么？

总结：每一位学生既当"拍卖者"，又当"竞拍者"，体验着图书交易、思想碰撞带来的快乐。

·任务四：多元评价，反思前进·

师过渡：有位作家曾经说过，能够从自己细心整理过的书架上找到自己想找的书，是件很棒的事。如果能够把自己精心创作的成果推荐给别人，更是一件美好的事。

1. 师生评议，颁发奖章。

（1）师生共同评价各小组创作情况，评选"优秀书籍创作小组"。推选"金牌拍卖师"及"最佳拍卖师"，并为其颁奖。

（2）小组评议：组内评价个人表现情况，评选"最佳作者""最佳编辑"。

2. 学生自评，及时反思。

（1）出示"创作成果自评表"，学生反思填写。

《十万个为什么》创作成果自评表			
评价标准	整体设计美观	科学解释合理	故事生动有趣
评价等级	☆☆☆☆☆	☆☆☆☆☆	☆☆☆☆☆
改进意见			

（2）师总结：以水润万物，以书交挚友，把阅读当成一种习惯。在今后的学习生活中，我们不仅可以将自己喜欢的书推荐给爸爸妈妈以及更多的小伙伴，还可以在深入阅读之后，采用多种丰富的形式交流、展示读书成果。遇到经典的书，我们可以主动向优秀作家们学习，有模有样地当起小作家、小编辑，创作优秀的作品让更多同伴受益。让科学的种子在童年中发芽，让书籍的河流在生命中流淌。

> 赏 析

基于学习任务群的整本书科普阅读课型创新

闫 学

从司空见惯的日常生活中发现奥秘，在生动风趣的讲述中阐明原理，让科学知识变得触手可及，变方寸之地为广阔宇宙，这就是苏联科普作家米·伊林的著作《十万个为什么》。统编小学语文教材四年级上册第二单元"快乐读书吧"，推荐的正是这本经典科普著作。

显然，对于科普著作的阅读，相较于文学作品而言，在整个小学阶段，无论是阅读量积累、阅读兴趣激发，还是阅读方法与策略指导等方面，都存在着比较大的差距与缺失。在统编小学语文教材中，科普说明文虽然占据了一定的比例，但依然无法满足教学的实际需要——毕竟，方法的习得，兴趣的激发，以及规律的提炼，以单篇文本为主的教学材料，还不能达成科普阅读的基本目标。因此，本单元的"快乐读书吧"推荐阅读科学著作《十万个为什么》，以整本书科普阅读的形式出现，可谓意义重大。

那么，围绕这本科普著作的特点，如何引导学生体验科普阅读的乐趣，习得阅读科普作品的方法和策略，同时又能感悟这本科普著作的经典之处，成为课程团队的老师们共同的教学目标，也是设计教学方案时思考的着力点。

同时，我们在设计《十万个为什么》整本书阅读的实施方案时，也认真学习了《义务教育语文课程标准（2022年版）》的基本要求，我们注意到了如下阐述。

在阐述"发展型学习任务群"中"实用性阅读与交流"第二学段部分提

出："学习阅读说明、叙写大自然的短文，感受、欣赏大自然的奇妙与美好。学习用日记、观察手记等，展示自己观察自然、探索科学世界的收获。"在"思辨性阅读与表达"中提出："阅读有关科学的短文，尝试发现日月星辰、风雨雷电、山川草木等大自然的奥秘，依据事实和细节，运用口头和图文结合的方式，表达自己的观点和思考。"这些阐述给我们思考和设计科普作品阅读课堂方案提供了重要视角和理论支撑。

因此，我们将该课标中提出的"学习任务群"的设计与整本书科普阅读进行了结合，并最终实现了课堂落地。在具体实施战略上，我们依然沿用了团队研发的儿童阅读课程体系中提出的关于主题群书阅读的三种创新课型：启读课、赏读课和创读课。这三种课型串联起科普阅读的完整链条：通过启读课，激发学生对这本书的阅读兴趣，师生共商阅读计划，讨论阅读策略；通过赏读课（一般为两节），把握本书的基本结构方式并在阅读任务的驱动下，提高学生的阅读兴趣，教给学生阅读策略，让学生形成独立阅读思考能力和批判性阅读能力；通过创读课，以生动活泼的形式调动学生的创造性参与和多维度体验，深度感受科普阅读和自主创造的乐趣。以上三种课型的教学目标，也是我们为《十万个为什么》整本书阅读所设计、确定的学习任务群。

下面，我们来看课程团队的老师们是如何完成这些学习任务的。

徐莲君老师的启读课主要有三大学习任务：通过绘制屋子旅行路线图、做批注，激发阅读兴趣；通过引导学生提出问题并印证、解决问题，培养自主阅读能力；通过制订阅读计划表，培养持续阅读能力。三大学习任务指向明晰，教学策略也得以落实。其中，"提出问题并印证、解决"回应了本单元的语文学习要素，是对这一学习要素的进一步落地。让学生用表格式、阶梯图、情节图等自己喜欢的方式绘制屋子旅行路线图，不仅符合这本书的内容与结构特点，激发了学生阅读科普作品的兴趣，也贴近作者想要表达的含义：这个近在咫尺的"神秘国度"，其实就是我们生活的屋子，这本书展现的正是"屋内旅行记"，自来水龙头、火炉、碗柜、衣柜等，构成了一个又一个"站点"。当我们开启这场屋内旅行，就会发现，科学研究并不高深，只要我们时刻保持对世界的好奇心，具有探索、求真的精神，就会在最普通的事物中发现科学的真谛。

唐翔云老师的赏读课，重点是带领学生在阅读任务的驱动下，教给学生阅读策略，形成独立的阅读思考能力。因此，这节课的学习任务主要包括：了解本书的写作特点，对日常生活中的许多事物提出饶有兴味的问题，并进行有启发性的解释；教给学生"提问""推理""对比""思辨"等阅读策略，实现高效阅读；进行合作探究，形成自己的阅读观点，实现个性化阅读。不难看出，在唐老师的赏读课上，"提出问题并解决问题"这一语文要素贯穿始终，将以上三个学习任务串联起来。在具体操作层面，唐老师非常善于运用任务驱动方法，通过提问制作问题清单，通过推理了解科学的丰富魅力，通过对比发现表达的生动幽默，通过思辨将提问进行到底……学生调动思维，深度参与；局部与整体，细节与宏观，多种策略高密度穿插，互为补充，指向高效阅读和个性化阅读。

汪琼老师的赏读课，基于本书的基本结构方式，将学习"问答"这一阅读策略作为第一个学习任务；基于本书的内容关注角度，将学习"联结"这一重要策略作为第二个学习任务。与徐莲君老师的启读课和唐翔云老师的赏读课一样，汪琼老师的赏读课也关注并落实了"提出问题并解决问题"这一语文要素，但处理方法又有所不同。在这节课上，书内与书外、回顾与联想、形式与内容、比较与判定、抢答与PK等有趣多样、活泼灵动的学习形式让阅读变得"无比欢快"。因此，汪老师的赏读课既是赏心悦目的，又是收获颇丰的。

同时，我们还可以看出，唐翔云老师和汪琼老师的赏读课虽然都指向"赏读"，但无论是学习任务设定，还是教学策略选择，都展现了不同的维度和思考，体现了对经典著作"赏读"的多元化和创造性，符合经典著作的基本特征：内涵的丰富性和实质的创造性。

王睿老师的创读课，在"提出问题并解决问题"的教学重点设定下，从具体操作层面预设了两个学习任务：一是通过提问竞赛、创编书籍等活动，激活思维，丰富创读体验；二是通过宣讲拍卖、评比颁奖等活动，体验科学创作的乐趣，在学生心底埋下热爱科学和科学创作的种子。这些由师生共同设计的丰富多样、形式活泼的创造性阅读活动，皆为学生喜闻乐见的，学生可以充分调动各个感官,实现了阅读的多维度体验和深度参与创造,打破了以往人们对科普作品阅读枯燥无趣的刻板印象,学生深深感受到科普阅读原来可以这么有趣,这么欢悦,这么有成就感。

经历了上述启读课、赏读课和创读课这样比较完整的阅读过程,我们认为以"学习任务群"作为教学方案的设计基础,可以为整本书科普阅读提供多维的教学视角和实践依据,并进一步丰富整本书科普阅读的实施策略。

经典童话阅读课程

启读课

给全世界最珍贵的礼物
——《格林童话》《安徒生童话》《王尔德童话》启读课教学设计

杭州市余杭区未来科技城海曙小学　江小琴

启读目标

1. 通过片段阅读，整合已知经验，了解三本童话相关背景知识，整体感知童话的基本特点。

2. 通过比较阅读和讨论分析，渗透阅读方法，初步感知同一个身份之下人物个性的不同。

3. 留置不同性质的悬念，激发阅读三本童话的兴趣。

启读准备

作家作品资料，童话片段，学习单，三本童话书。

启读过程

· 任务一：链接旧知，聊作品信息 ·

1. 链接教材，回顾童话富于想象的特点。

依次出示三年级上册语文教材里两个单元的童话作品形象：卖火柴的小女孩、在牛肚子里旅行的小蟋蟀、蚂蚁队长、永远倒不了的老屋、长着长胡子的胡萝卜先生和学叫的小狗，学生一边回忆一边感受童话世界的神奇。

2. 链接已知，了解童话作家作品信息。

（1）阅读童话，可少不了这三本书（出示《格林童话精选》《安徒生童话》和《王尔德童话》封面图片），对于这三本书你有哪些了解？（学生自由表达）

（2）学生默读教师提供的作家作品资料，思考哪些材料是自己已经知道的，哪些是今天第一次读到，特别感兴趣的，做批注，准备交流。

（3）学生交流自己特别感兴趣的作家作品材料，并提出自己的发现。教师借助时间轴引导学生发现三本书之间的内在联系。

3. 读目录，玩游戏，调动已有阅读经验。

（1）认识版本（出示三本童话集各种不同版本）：这三部作品仅中文版本就有很多，这些只是其中极少的一部分。作品的版本非常重要，不同的版本译者不同，文字的味道就会不一样。经过慎重挑选，从众多版本里我们选择了这三个版本。

（2）阅读书目：读这三个版本的目录，哪些童话篇目是你读过的？（同桌交流）

（3）听故事猜故事名：老师请小助手读童话故事的主要情节，学生猜故事名字，相机出示图片和故事名。

·任务二：片段阅读，聊童话里的公主·

1. 回忆读过的童话故事，大体感受民间童话的特点。

回忆读过的童话故事，说一说这些童话故事有哪些共同的地方。

预设：童话故事的开头常常用"从前""很久很久以前"等词语，没有具体时间；童话故事的结局一般都是非常美好的；童话中的很多人物是没有名字的，统称为"国王""王后""继母""巨人"等；童话里最常出现的角色是王子、公主、巫婆……

2.片段阅读，品析童话里公主的不同形象，渗透阅读方法指导。

（1）在你的印象中，公主应该是什么样子的？（预设：公主应该像白雪公主和小人鱼一样漂亮、善良。）是不是所有公主都是善良、美丽的呢？让我们一起走近另外几位童话中的公主，看一看她又是什么样的公主。

（2）师生共读《豌豆上的公主》片段，完成部分学习单，初步学习抓细节品析人物形象的方法。

童话里的公主			
我读到的故事	我感受到的形象特点	我发现的细节	我提出的问题
《豌豆上的公主》			
《青蛙王子》			
《西班牙公主的生日》			

（3）学生选读《青蛙王子》《西班牙公主的生日》片段，完成学习单，练习抓细节品析人物形象，感受公主的不同形象。

（4）教师小结：童话里的公主，有的像白雪公主和小人鱼一样美丽善良，有的像豌豆公主一样精致娇嫩，有的像《青蛙王子》里的公主一样言而无信，还有的则像西班牙公主一样冷漠无情。童话故事里还有很多不同的公主，她们又是什么样子的呢？难道这些公主的性格一直就这样吗？她们又会有哪些变化呢？这些都值得我们课后去研究。

·任务三：推荐表格，聊阅读计划·

1.再读目录，激发阅读期待。

让我们再回过头来看看这三本书的目录，还有哪些篇目是你没有读过的，或者以前读过现在还想再去读的?

2.推荐阅读方法，明确阅读目标。

（1）（出示两份表格："我的阅读记录""主题阅读单"）阅读要有计划、有目标。在制订阅读计划，按计划读完这三本童话集后，请任意选择你喜欢的主题形象（如国王、继母、巫婆等），运用这节课学习的方法再次进行深入研读，完成主题阅读单。

我的阅读记录						
日　　期	书　　名	起始页	结束页	阅读时长	阅读地点	为自己点赞

童话里的_____			
我读到的故事	我感受到的形象特点	我发现的细节	我提出的问题

（2）挑战型任务。

阅读思考：童话还有哪些特点呢?这节课讨论的一些童话特点，在这三本童话集里都有体现吗?为什么?

附:

阅读材料一：作家作品资料介绍

（一）

格林兄弟是雅各布·格林（1785—1863）和威廉·格林（1786—1859）兄弟两人的合称，他们是德国19世纪著名的历史学家、语言学家，民间故事和古老传说的搜集者。两人因经历相似，兴趣相近，合作研究语言学、搜集和整理民间童话与传说，故称"格林兄弟"。他们共同整理了"最畅销的德文作品"——《格林童话》。

《格林童话》首版出版于1812年，共收录了二百多个童话，是世界童话的经典之作。《小红帽》《灰姑娘》《青蛙王子》《白雪公主和七个小矮人》等都来自《格林童话》，它们或被改编成各种戏剧、歌剧搬上舞台，或被拍成电影和电视剧。《格林童话》以一种特有的文学风格传遍了世界的每个角落；它的影响超越了国界，也超越了时代。

（二）

安徒生（1805—1875），出生于丹麦一个贫穷的鞋匠家庭，童年生活贫苦。受父亲和民间口头文学的影响，安徒生从小热爱文学，通过刻苦学习，成为了著名作家，被誉为"世界儿童文学的太阳""现代童话之父"。代表作有《坚定的锡兵》《海的女儿》《拇指姑娘》《卖火柴的小女孩》《丑小鸭》《皇帝的新装》等。他的童话作品被翻译为150多种语言，在全球出版。

国际安徒生奖是儿童文学的最高荣誉，被誉为"儿童文学的诺贝尔奖"。国际少年儿童读物联盟于1956年设立，由丹麦女王玛格丽特二世赞助，以童话大师安徒生的名字命名，每两年评选一次。国际安徒生奖为作家奖，一生只能获得一次，表彰的是该作家一生的文学造诣和建树。2016年曹文轩成为第一个获得该奖的中国作家。

（三）

奥斯卡·王尔德（1854—1900），19世纪英国最伟大的作家与艺术家之一，毕业于牛津大学。他一共写了九篇童话，全都收在《王尔德童话》里。其中《快乐王子》《夜莺和玫瑰》《自私的巨人》是我们最常读到的。

阅读材料二：童话片段阅读

《青蛙王子（节选）》①

……

"别哭了，公主，"青蛙说，"我能够帮助你。不过，如果我替你把心爱的金球找回来，你会怎样答谢我呢？"

"你要什么都可以。"公主擦干眼泪说，"我把我漂亮的丝巾，珍贵的项链、钻石耳环，还有镶着红宝石和绿宝石的花冠，都送给你……总之，你喜欢什么就给你什么，请你快帮我把金球捞上来吧！"

"你的丝巾、项链、钻石耳环和珍贵的花冠，我全都不要。我只有一个请求，那就是你得让我做你的朋友和同伴，跟你同桌进餐，一起吃你金盘里的菜，喝你小酒杯里的酒，一块儿睡你那张金色的小床。如果你能答应这些，我就立刻钻进水里去，把金球捞上来给你。"青蛙回答说。

小公主寻思：一只成天在井里呱呱叫的丑陋青蛙怎么能做我的朋友，和我生活在一起呢？谁都知道青蛙是不用盘子吃菜，也不在人的床上睡觉的。想到这儿，公主就对青蛙说："好吧，我答应你，我全都答应你，你提出来的条件我都答应——只是你得快点儿帮我把金球从井里捞上来。"

于是，青蛙低下脑袋，一头扎进水里。过了一会儿，当青蛙再次浮出水面的时候，他的嘴里衔着一只金球——正是公主掉进井里的那只！青蛙从水里爬出来，把金球放在了公主的脚边。

"哦，我的金球！"当公主捡起失而复得的金球时，禁不住高兴地大叫起来。

公主兴奋地吵嚷着，转身就往皇宫里跑。

"喂，你自己刚才答应过的，说好带着我一起去的！你跑这么快，我跟不上你呀！"青蛙在后面边追赶边叫喊。

然而公主却没有理会青蛙的叫喊，她很快把浑身湿漉漉的、长相丑陋的青蛙忘到了九霄云外。青蛙只好又无精打采地沉到井里去了。

……

---

① ［德］雅各布·格林、威廉·格林：《格林童话精选》，韦苇译，北京联合出版公司，2016年版，第34-35页。

《西班牙公主的生日（节选）》[1]

……小矮人再也没有抬头看，他的哭泣越来越轻，突然间他发出一声怪怪的喘息，在他的身旁乱抓一阵。随后他又仰躺在地上，躺在那里一动不动了。

"真是再好玩儿不过了，"小公主停了一会儿说，"可现在你一定要给我跳舞啊。"

"是啊，"所有的孩子都附和说，"你一定要站起来跳舞啊，你看你像北非小猿猴一样鬼精，可比它们要可笑得多呢。"

但是小矮人没有理他们。

小公主跺了跺脚，见她叔叔和宫廷大臣正在露天平台上走，看着刚刚从设立在墨西哥的宗教法庭送来的重要公文，就朝她叔叔喊起来。"这个有趣的小矮人生气了，"她叫道，"你一定要叫他起来，让他给我跳舞。"

……

"我美丽的小公主，你这好玩儿的小矮人再也跳不起舞来了。很遗憾，因为他长得奇丑无比，他才博得国王一笑。"

"可是为什么他就不会再跳舞了？"小公主问道，笑起来。

"因为他的心碎了。"宫廷大臣说。

小公主皱起眉头，她那喜人的玫瑰叶子一样的嘴唇鄙夷地翘起来。"以后让那些来陪我玩儿的人别长心啊。"她大声说，然后就跑进了花园。

---

[1] ［爱尔兰］王尔德：《王尔德童话》，苏福忠译，人民文学出版社，2021年版，第111–113页。

赏读课

发现童话的秘密
——《格林童话》《安徒生童话》《王尔德童话》赏读课教学实录

杭州市余杭区育才小学　汪　琼

赏读目标

1. 比较阅读《六只天鹅》《野天鹅》和《夜莺和玫瑰》，感知童话是不断生长的，渗透联系、比较等阅读方法。

2. 聚焦《总也倒不了的老屋》《老头子做事总不会错》反复部分的情节，提取关键信息完成学习单，发现童话中"套娃式"结构上的秘密，进一步掌握联系、比较和分析等阅读方法。

3. 留置悬念：为什么说从《格林童话》中走出去的"灰姑娘"是无处不在的呢？激发学生用联系和发展的视角去研读经典人物形象。

赏读过程

·任务一：发现不断生长的童话·

师：树开花，花结籽，籽成树，美好的事物都在不停地生长。你们觉得还有什么也在生长？

生：草。

师：春天小草发芽，"一岁一枯荣"。

生：人的岁数。

师：你从零岁长到九岁，每个人的岁数都在增长。还有呢？

生：自己。

师：你自己怎么生长？

生：从矮到高。

师：还长帅了。你还有什么也在生长？

生：永不放弃的精神。

师：这句话说得太好了，他由看得见的生长走向看不见的生长。那还有什么看不见却也在生长？

生：知识面。

生：智慧。

生：童话。

师：是的，你读的书越来越多，你的知识面就越来越宽广，你的智慧也随之增长。我们今天就来讲童话、读童话，看看童话会不会生长。

（师生运用"讲故事＋读故事"的方式轮读《格林童话》中的《六只天鹅》和《安徒生童话》中的《野天鹅》，让学生探究并交流两篇童话的相同点。）

师：比较这两篇童话的片段，能找到它们的相似点吗？

生：主人公都过上了幸福的生活。

师：结局相似。

生：所受的处罚都是火刑。

师：对美丽、善良的公主使用火刑，太残酷了！

生：故事里都有天鹅和邪恶的王后。

师：你找到了相同的角色，还有哪些角色相同呢？

生：都有公主。

生：都有国王。

生：还有王子。

师：是的，童话里有很多角色都是相同的。

生：变回人形时，小弟弟都有一只胳膊没有变回来，还是天鹅的一只翅膀。

师：你在细节上找到了相同之处。尽管两位公主都是没日没夜、拼尽全力地纺织，依然没有织完所有的衣服。你读书很仔细。

生：她们每天都要忍着不能讲话。

师：这是非常苛刻的条件，就算别人诬陷她，她也不能站出来为自己辩解，天大的委屈都得暂时咽下去！

生：两位公主都为她的哥哥们忍受痛苦。

师：牺牲，忍受痛苦，你一定感受到那种痛。公主要用娇嫩的手去采摘有刺的荨麻，要用她娇嫩的脚去踩有刺的荨麻，但她俩都默默忍受着，忍受的不止是一天，而是六年。

生：都有景色描写。

师：你独具慧眼，关注到写景。童话里穿插的景色描写跟情节也是相关的，比如城堡代表安稳的生活，而进入森林表示要为生存而努力。

师：就像同学们刚才发现的，这两篇童话主角、配角都是相同的，主题也是相似的，有些情节也是相似的，甚至一些细节也是相同的。

（屏显）

师：这两篇童话到底有哪些相似点？我们用情节图画一画吧！刚开始王子和公主生活怎样？

生：生活很平静。

师：但平静的生活，总会因为一些恶毒的人而怎样呢？

生：坠入深渊。

师：王子、公主坠入深渊后，就陷下去了吗？

生：不是，他们总会千方百计地爬出来，站起来。

师：拼尽全力爬起来了，从此就一帆风顺了吗？

生：没有，还会再次遇上坏人，公主遇到恶毒的婆婆，艾丽莎遇到大主教诬陷她。

师：她们会再次遭到——

生：伤害。

师：换一个词。

生：诬陷。

师：是的，还可能遭遇障碍。你看童话情节就是这样起起伏伏……

生：像连绵起伏的山一样。

生：像汹涌的波浪一样。

师：对，童话里有山，童话里有波浪。那最后一个箭头大家说应该往哪里去？

生：往上！

师：为什么往上？

生：因为最后变美好了，从此幸福。

师：对，从此幸福，希望我们的世界从此幸福。

（一生举手。）

师：你还有什么新的发现吗？

生：这两个童话故事开始是幸福的，结尾也是幸福的。

师：你找到首尾呼应。经历磨难以后获得的幸福，跟刚开始平静的生活还是有些不一样。就像你经受挫折以后爬起来，你的内心可能更强大一点，所以我们可以把这个箭头再升高一点。你很厉害，你能发现老师都发现不了的地方。

（课件出示）

师：听说童话故事不仅有脚会跑，有翅膀会飞，还会不断生长。我们再到王尔德的《夜莺和玫瑰》中去看看。前两篇童话中，公主都很善良，都非常努力，都愿意为心爱的人作出牺牲，这样美好的品质不仅公主有，夜莺也有，但换来的又是什么呢？谁能讲讲这个故事呢？

（运用"讲故事"的方式回顾《夜莺和玫瑰》，从情节、主题的变化，感知童话的生长性。）

师：这位看起来痴情的学生，他怎么对待这支夜莺用生命换来的玫瑰呢？

生：他一下子把玫瑰扔到了大街上。

师：导致什么？

生：随后它便掉入了污水沟里。

师：这还不够！

生：被车轮碾过。

师：他一下子把玫瑰扔到了大街上，随后它便掉入了污水沟里，被车轮碾过……大家注意插图上是不是碾出了鲜血？为什么会有鲜血？

生：因为玫瑰不仅是玫瑰，它就是善良的夜莺、为爱而牺牲的夜莺的化身，结果被车轮活活压死了……

师：一开始，学生也过着平静的生活，但因为一时的贪念，坠入了深渊。这时候勇敢站出来的是那只小小的夜莺，它干什么了？

生：寻找办法。

师：仅仅是寻找办法吗？它用什么去寻找办法？

生：生命。

师：生命，用它小小的、唯一的生命寻找办法，它希望这个学生幸福，希望有情人终成眷属。现在，箭头应该往哪里？

生：往下。

师：为什么？不是应该往上吗？不是应该从此幸福吗？

生：因为那个女孩子喜欢上了别人，觉得玫瑰比不上珠宝值钱。

师：在她眼里，玫瑰怎么能跟珠宝相提并论呢？女孩不知道玫瑰里有什么，女孩不懂珍惜，这个学生又珍惜了吗？

生：不珍惜。

师：跟前两篇童话比较，你们有什么想问的？

生：为什么善良被扔到大街上？

生：为什么努力被扔到污水沟里？

生：为什么牺牲却被车轮狠狠地碾过？

师：有些答案不仅仅在童话里，在阅读里，还在生活中，还需要你们到岁月中去找答案。

（课件出示）

师：我们单独看一篇童话，也许觉得它不动，不变，如果你将它和相关童话联系起来比较，你就会发现它会被模仿，会被超越，甚至会被改写。当我们想看事情是怎么变化的，需要让它回到长长的河流里去，你看到的就不是一滴水，而是河流是如何慢慢变化的。将这三篇童话联系起来看，你们发现童话真的在生长吗？

生：是真的。从《六只天鹅》长到《野天鹅》，就像小孩长大了；从《野天鹅》到《夜莺和玫瑰》，就像一个人变成另一个人。

师：你的比喻非常贴切。我们还可以从作者这个角度去看——《格林童话》是格林兄弟对民间童话的搜集和整理；《安徒生童话》是安徒生写出来的，其中一部分受民间童话的影响，比如《野天鹅》是受谁的影响？

生：《六只天鹅》。

师：《安徒生童话》另一部分是自己独立创作的，比如著名的《丑小鸭》。

师：随着时间往前走，有些东西慢慢会发生变化。当童话走到王尔德时，变化很大。王尔德是非常出色的作家，也写童话，但他写童话都是独立创作，因此他的童话情节、结局常常和民间童话不一样，"从此幸福"的结局，到王尔德的笔下就被颠覆了。当我们比较起来分析，联系起来思考，会发现原来童话真的会——

生：生长。

师：换一个词？

生：成长。

生：发育。

生：飞翔。

师：是的，童话真的会不断生长，但"不断生长"你单独看不出来，用什么样的方法你才能看到它不断生长、不断发育、不断飞翔呢？

生：联系。

师：谁和谁联系？

生：《六只天鹅》和《野天鹅》联系。

师：还有——

生：《夜莺和玫瑰》。

师：对，我们要针对同一个主题，采用联系和比较的方法去分析，才会发现童话中的秘密。好，接着往下看，童话还有哪些秘密？

·任务二：揭示童话中的"套娃"·

（师生先观看介绍俄罗斯套娃的视频。）

师：俄罗斯套娃有什么特点？

生：它们一个个变小了。

师：样子一样吗？

生：大的里面套中的，中的里面再套小的，大小在变化，样子不变。

师：概括准确。俄罗斯套娃是很好玩的民间艺术，而民间艺术也是互相影响的。童话最初也来自民间，你觉得它里面有没有套娃结构？

生：有。

生：没有。

生：我不确定。

师：不确定的事，我们就去求证。我们刚学过童话《总也倒不了的老屋》，谁来复述故事？

（学生复述故事：老屋已经一百多岁了，打算倒下去。小猫、老母鸡、蜘蛛分别请求它别倒下去，让它们可以待一个晚上躲雨、二十多天孵小鸡、安心抓虫子。后来蜘蛛一直为老屋讲故事，老屋就一直没有倒下去。）

师：请一位同学来读一读仿写的片段。

生：冬天到了，天气格外寒冷。老屋说："天气那么冷，我要倒下了。"

"等一等，老屋！"一个声音在它门前响起，"再过一个冬天行吗？我要冬眠，可找不到一个好地方休息。"老屋低头一看，把嘴咧开了："哦，是小刺猬呀！好吧，我就再为你站一个冬天。"

冬去春来，小刺猬从门洞钻了出来："谢谢您，老屋！"

老屋说："好了，我现在要倒下去了！"

师：如果将这段仿写插入到童话里，插到哪里合适？

生：插在老母鸡的情节后面。

师：为什么？

生：因为它们请求老屋别倒下去的时间是有规律的。

师：什么规律呢？

生：老屋为小猫站了一个晚上，为母鸡站了二十多天，为蜘蛛一直站着，那为刺猬站一个冬天，从时间长短看，应该排在母鸡的后面。

师：你们真是火眼金睛。这篇童话里有一个关键点不变，也有另一个关键点一直在发生变化，分别是什么？

生：老屋"站"是不变的，但"站的时间"一直在增加。

师：联系起来思考，看到的内容的确很不一样。这儿，故事的核心点没有改变，但时间一直在改变，真是这样吗？我们再到《安徒生童话》里的

《老头子做事总不会错》去看看吧。

（课件出示）

1. 快速阅读《老头子做事总不会错》，圈画出交换过程中的事物。
2. 利用圈画的信息完成《老头子的交换单》。
3. 比较《总也倒不了的老屋》和《老头子的交换单》，和同学交流你的发现。

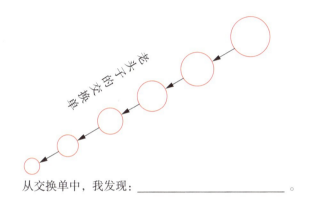

从交换单中，我发现：_____。

（学生独立阅读完成学习单，再交流。）

师：老头子交换的事物依次是什么？他用一匹马交换——

生：一头牛。

师：用一头牛交换——

生：一只羊。

师：用一只羊交换——

生：一只鹅。

师：又用一只鹅交换——

生：一只鸡。

师：最后又用一只鸡交换——

生：一堆烂苹果。

师：刚才反复出现哪个词？

生：交换。

师：再将《总也倒不了的老屋》和《老头子的交换单》比较，你发现了什么秘密?

（课件出示）

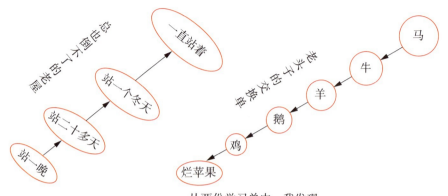

从两份学习单中，我发现：＿＿＿＿＿＿＿＿＿。

生：套娃结构。

师：可以说得更具体一点吗？《总也倒不了的老屋》哪个情节是反复的？

生：站着。

师：《老头子做事总没错》哪个情节是反复的？

生：交换。

师：交换中有没有变化？

生：交换的东西越来越小。

生：老屋站的时间越来越长，老头子交换的东西越来越差。

师：总结一下，什么是童话里的"套娃"结构？反复的结构加上什么呢？

生：有规律地变化。

生：有秩序地排列。

师：《总也倒不了的老屋》是反复结构加上递增的时间，《老头子的交换单》是反复的结构加上递减的交换，合起来就是童话里的"套娃结构"——

生：有规律的反复。

生：有顺序的反复。

生：有变化的反复。

师：发现秘密总是令人欣喜的。课下继续阅读《笨汉汉斯》和《忠诚的朋友》，同样去分析、比较，并设计"套娃式"学习单记录你的发现，看看"套娃结构"是不是童话的"老熟人"。

·任务三：寻找童话里的灰姑娘·

师：通过分析、比较，经过聚焦式有趣地探索，我们发现了童话的两个秘密：不断生长，有序反复。那童话还有哪些秘密呢？有人说，从《格林童话》中走出来的灰姑娘无处不在，这是什么意思？其中又藏着什么秘密呢？课下继续研读这三本童话，去揭示这个秘密吧。

师：从民间童话搜集和整理的《格林童话》，有模仿也有创作的《安徒生童话》，完全独立创作的《王尔德童话》，它们值得同学们反复阅读，因为其中有——

生：永远也讲不完的故事，发现不完的秘密。

师：所以今天的课虽然结束了，但我们的探索之旅才刚刚开始……

创读课 |||||

让童话人物鲜活地走出来
——《格林童话》《安徒生童话》《王尔德童话》创读课教学实录

杭州市余杭区未来科技城海曙小学　杨　薇　王　睿

创读目标

1. 通过表演童话剧、童话人物走秀、制作创意推荐卡等方式，展现学生对故事形象的创意解读，将经典童话形象鲜活地展示出来。
2. 比较《青蛙王子》《快乐王子》《恶毒的王子》的王子形象，再推及故事中的其他人物形象，总结出：同一角色，可能会有不同的形象和性格。
3. 通过不同形象的对比，了解作者关于反衬写作手法的运用。

创读过程

· 任务一：表演童话短剧 ·

师：同学们，你们说书不仅用来读，还可以用来玩、用来演。那赶快登场，秀一秀你们排演的童话短剧吧！有请《青蛙王子》剧组。

（学生表演《青蛙王子》，约5分钟。）

《青蛙王子》第三幕

地点：公主卧房

人物：公主、青蛙

旁白：于是小公主只好含着泪，带着小青蛙回到她的房间里。

青蛙：我要睡在你的枕头上（青蛙跳上了公主的床）。

旁白：这下，小公主再也不能忍受了，她生气地拿起小青蛙丢向墙壁的一瞬间，小青蛙变成了王子，小公主看得目瞪口呆。

旁白：王子跪下来吻了小公主的小手。小公主这时才回过神来，她为自己刚刚鲁莽的行为道歉。

小公主：对对……对不起，我不知道你……你竟然是个人。

王子：没关系，我一点也不介意，反而是你的生气解救了我，所以你一点也不需要内疚。我中了黑女巫的魔咒，她说只有经由我爱人之手的死亡，才能解去我身上的魔咒，所以我便在水池里住了一百年，直到你的出现，我才重新燃起破除魔咒的希望。你愿意和我做朋友吗？

小公主：（很高兴地点点头）嗯。

……

师：阅读，是表演的基础，表演，是每一个细胞都在阅读。下面欢迎《快乐王子》剧组。

（学生表演《快乐王子》，约6分钟。）

《快乐王子》第二幕

场景：广场上

人物：快乐王子的雕像——穿着贴金箔的衣服，佩戴宝剑，剑柄上装有红宝石，眼睛是两颗蓝宝石；小燕子、女裁缝

旁白：燕子们一个个飞走了，只有一只小燕子在空中盘旋着，最后它停了下来。

王子：小燕子，你怎么没走哇？

小燕子：我要留下来陪你！我们都走了，你会寂寞的。

王子：这里冬天很冷，你受不了的，快走吧，小燕子！

小燕子：（想了想）那我今天好好陪你，明天我就去埃及。

旁白：夜幕降临，小燕子在王子雕像下面休息。突然，几滴水珠落了下

来，小燕子抬头一看，原来是王子的泪水。

小燕子：（睡眼惺忪，感到惊奇）王子，你怎么哭了？

王子：我活着时无忧无虑，在王宫里击剑、下棋，每天快活得忘记时日，大家称我为快乐王子。我死后，父母悲痛不已，塑一尊雕像站在这里。原以为人间幸福太平，全天下的人像我一样快乐地生活，但我却看见无数人的痛苦悲泣。你看小巷深处那间小屋，女裁缝正挑灯赶制衣服。

（女裁缝上场。）

女裁缝：我可怜的孩子，你一定要坚持住，等我缝制好衣服，拿到工钱，我就可以给你看病了。

王子：看吧！床上躺着生病的孩子，家贫没钱找医生诊治。她心中是多么悲伤啊，泪水浸湿了手中的衣裳。虽然我的心是铅做的，可还是忍不住泪落如雨。小燕子，请把我剑柄上的宝石，给无助的母亲送去救急。

……

师：感谢《快乐王子》剧组！今天，你们将世界各地的王子都带到舞台上了，下面登场的是"恶毒的王子"。

（学生表演《恶毒的王子》，约4分钟。）

《恶毒的王子》第一幕

地点：田野

人物：恶毒的王子、兵士、祭司、安琪儿、上帝

旁白：从前有一个恶毒而傲慢的王子，他全部野心是想要征服世界上所有的国家，人们一听到他的名字就害怕。他的兵士践踏着田野里的麦子，放火焚烧农民的房屋。

士兵：多么伟大的王子啊！

王子：（瞧瞧他的金子，瞧瞧他那些雄伟的建筑物）我是多么伟大的王子！不过，我还要有更多、更多的东西！我不准世上有任何其他的威力赶上我，更不用说超过我！

王子：把我的雕像竖在所有的广场上和宫殿里，还要竖在教堂神龛面前呢！

祭司们：你的确威力不小，不过上帝的威力比你的要大得多。我们不敢做这样的事情。

王子：那么好吧，我要征服上帝！

旁白：上帝知道了，先派遣了一位安琪儿来劝返。

（安琪儿上场。）

安琪儿：你是人类，力量根本不能够与上帝相比，你赶紧回去吧。

王子：我要战胜上帝！我既起了这个誓言，我的意志必须实现！

（王子的士兵暗地里拿出弓箭，万箭俱发，安琪儿负伤而退。）

上帝：（十分生气）蚊子们，请你们代表我去治治这个狂徒！你们钻进他的耳朵，叮他的脸和手！让他吃吃苦！

……

师：这些小演员们不但动作活灵活现，连眼神都会说话，仿佛他们就是故事中的人物。

·任务二：开展形象探究·

师：同学们的表演，将我们带入童话中王子的世界！我现场采访几位小观众，比较这三部童话短剧，你发现了什么？

生：都有"王子"的角色。

师：比较标题，就能得到许多关键信息，这是一个好的切入点。还有什么发现？

生：有的王子很善良，有的王子很恶毒。

师：同样是王子，个性很不相同。

生：好王子有好的结局，恶毒王子有不好的下场。

师：你是从人物品质推导人物结局。那这三位王子，你们最喜欢哪一位呢？最好说明理由。

生：我喜欢快乐王子，因为他很善良，乐于助人，总是帮助穷苦的百姓。

师：是的，善良而无私，正是小燕子爱上他的理由。

生：我喜欢青蛙王子。虽然青蛙王子遭遇不幸，公主对他很没礼貌，但是他仍然彬彬有礼，十分宽容地对待任性的公主。

师："虽然……但是……"这组关联词的使用，说明你对人物观察细致入微。你最不喜欢哪个呢？也用一两句话说出原因。

生：我不喜欢恶毒的王子，他很残暴、自大，目中无人。

师：将这些王子联系起来比较，你又发现了什么呢？

生：他们虽然都是王子，却有不一样的形象和性格。

师：的确，单篇阅读时，我们看到的只是一个一个的王子。将王子汇集起来，就能看到这一类角色的不同之处。童话中其他角色是不是这样呢？我们来验证一下。

（课件出示：《皇帝的新装》《年轻的国王》《六只天鹅》中三位国王的图片。要求以连线的方式，和以下三个特征对应起来。）

1. 他做了三个梦后，突然醒悟，决定放弃追求奢华的生活，开始同情并帮助贫苦人民。
2. 他十分疼爱子女，但易受别人的欺骗，使得子女陷入危险之中。
3. 他极端虚荣虚伪，自欺欺人。

师：请你们看图画回忆故事，想一想故事中的国王是怎样的人，把国王与对应的特征联系起来。

（生连线。）

师：连得真准确，怎么做到的？

生：这些国王太独特了，我读一遍就记住了。

师：的确，《格林童话》来自民间故事，老百姓口耳相传，一听就过耳不忘。而安徒生、王尔德都是顶级的童话作家，他们笔下的人物自然都是经典形象。

生：老师，原来国王不一样，是跟作者有关啊！

师：你很会追根溯源。我们再看一组哥哥系列的图画，都出自《格林童话》。仔细回想，说说故事中各是什么样的哥哥。

（屏显《六只天鹅》《生命之水》《萝卜》中的哥哥形象，请对人物形象的善恶进行判断。）

1.《六只天鹅》里的六位哥哥都是疼爱妹妹的好哥哥。（　　　）
2.《生命之水》里的哥哥帮助弟弟找来了水源，最终救活了父亲。（　　　）
3.《萝卜》里的哥哥对弟弟很好，两人一起将大萝卜献给国王，得到了丰厚的奖励。（　　　）

（生判断正误。）

师：你们读童话读得很仔细，每一个小细节都没有放过！回顾王子、国王、哥哥这些角色，你又发现了什么？

生：同一角色，有不一样的形象和性格。

师：你们能将同一个角色联系起来比较思考，形成自己的看法，这才是真正的会读书。你们喜欢恶毒的王子、自欺欺人的国王吗？

生：不喜欢。

师：既然读者不喜欢，作者为什么要写这些反面形象呢？

生：希望我们不要变成那样的人。

师：作者这样从反面写，还有什么好处？

生：恶人让善良的人显得更善良。

师：是啊，朝着相反的方向写，更加突显正面，这就是反衬。

生：就是将善恶对比！

师：是的，现在你们知道了吧，作者笔下的人物让人过目不忘，其实是有诀窍的。同学们，下面看看怎样创意推荐，让这三本经典童话让更多的人喜欢上。

·任务三：进行创意推荐·

师：这三本童话书，同学们更喜欢哪一本呢？下面请童话小模特们各自带着他们的好书推荐卡，闪亮登场！

（生走秀，展示好书推荐卡。）

· 任务四：表演师生诵读 ·

师：这些精美的好书推荐卡，这场创意推荐秀，见证了孩子们对童话的热爱，也会激发更多的孩子喜欢上这三本经典。我们甚至共同创作了一篇散文诗，请您欣赏——

最美的心愿

（生读）我想走进大森林，与白雪公主一起做游戏；

我想去海底世界，寻找化作泡沫的美人鱼；

我想去看望丑小鸭，问问它变成白天鹅后的故事；

我想和卖火柴的小姑娘交朋友，给她一个温暖的拥抱。

（师读）很小很小的我，寂静的夜里，依偎在妈妈的怀中，

听妈妈讲那些有趣的童话故事，充满漫漫遐思。

长大后，我独立阅读，

从《格林童话》到《安徒生童话》，

再到《王尔德童话》……

我会为小矮人心碎而死感到痛心，

也曾梦想着像灰姑娘那样变成高贵的公主，

我仿佛钻入童话中，经历着一场场惊险之旅。
当了一名语文老师之后，
我惊奇地发现：
一部著名的童话会衍生无数艺术品：
电影、动画、话剧、芭蕾、音乐……
原来文字还可以唱歌、跳舞，
可以将全世界的孩子连在一起，
可以让我们，
和浩瀚的世界牵手共存！

师：童话剧场，走秀推荐，师生朗诵……你们让人脑洞大开的阅读创意，让我们知道童话的阅读形式，有着无限创造的空间；童话的种子，因此更容易传播到世界每一个角落……

赏析

指向高阶阅读能力的童话阅读实践探索

闫 学

"擦星"儿童主题群书阅读课程是近年来我和团队共同研发、创生的一门课程。在建构了基本课程框架、完成了课程实施纲要之后,我们开始了在实践方面的推动与探索。

所谓主题群书阅读,是指师生为达成一定的阅读目标,在整本书阅读的基础上,基于不同年段与阅读基础的儿童思维发展水平及认知背景,围绕一定的主题或项目,以每个主题或项目平均关联三本及三本以上图书,采用丰富多样及有针对性的阅读策略,引导学生进行的阅读行动。

以三年级为例,我们设计了以下六个主题的群书阅读项目:

时间	三(上)		寒假	三(下)		暑假
主题	皮皮鲁	小人鱼	四季歌	女生	男生	风的旱冰鞋
图书	《皮皮鲁传》	《安徒生童话》	"美丽中国·乡村四季系列绘本"	《特别的女生萨哈拉》	《彼得·潘》	《手绢上的花田》
	《鲁西西传》	《格林童话》	绘本《风筝》	《一百条裙子》	《男生贾里》	《风的旱冰鞋》
	《查理和巧克力工厂》	《王尔德童话》	绘本《北京的春节》	《女生贾梅》	《余宝的世界》	《直到花豆煮熟》
	《长袜子皮皮》			《女儿的故事》	《绿拇指男孩》	《兔子屋的秘密》或《红玫瑰旅馆的客人》

由以上主题设计可以看出，整个三年级（包括寒假、暑假）共有6个主题，分别对应不同的阅读内容，也蕴含着不同的阅读意义。如，"皮皮鲁"主题关联了包括郑渊洁在内的中外作家的经典童话作品，"小人鱼"主题则聚焦了世界童话作家的三座高峰——安徒生、格林兄弟和王尔德。这两个主题所关联的作品都是经典童话作品，同时也兼顾了学生的阅读兴趣，力求通过作品之间的关联性主题阅读，让学生的阅读既有一定的宽度，又能达到一定的高度。因此，"擦星"儿童主题群书阅读课程虽然是在整本书阅读基础上围绕"主题"建构起来的，但不再是某一本书的孤立阅读，既有主题聚焦，又有彼此关联，指向的是提升学生的高阶阅读能力。

为推动主题群书阅读课程的落地实施，我们推出了群书阅读的三种创新课型：启读课、赏读课和创读课。这三种课型串联起主题群书阅读课程的完整链条：启读课一般安排一节，在某一主题群书阅读课程之始展开实施，其目的主要是激发学生对这一主题群书的阅读兴趣，营造阅读期待，同时师生共商阅读计划，明确阅读任务和时间规划。赏读课一般安排两节，第一节安排在第一本精读书阅读完毕之后，以这本精读书为主，从人物形象、情节结构、写作手法等多个不同维度引导学生进行赏析、讨论，同时与接下来要阅读的同一主题群书做好衔接，帮助学生开启后续阅读之路；第二节赏读课一般安排在整个主题群书阅读课程结束之后，将同一主题群书进行前后勾连和比较，从人物形象、情节结构、写作手法等多个不同维度中选取其中一个进行赏析、讨论，培养学生的高阶阅读能力。创读课一般安排在最后一个课程环节，师生共同设计、参与丰富多样、形式活泼的创造性阅读活动，如创作剧本进行演出、花式猜谜、制作藏书票、设计插图、重新设计封面和封底、改写或续写书的结尾等，强调的是学生的创造性参与和多维度体验。

本次"小人鱼"主题系列研讨课，呈现的便是"擦星"儿童主题群书阅读的三种课型：启读课、赏读课和创读课，旨在通过不同的课型实践创新，探索如何在课程链条的每一个主要环节都指向培养学生的高阶阅读能力。

江小琴老师的启读课，着眼于两个方面进行启读：聚焦作者生平的时间轴线和童话里的公主形象。引导学生从安徒生、格林兄弟和王尔德这几位作者的生平资料中，发现、梳理他们的人生与作品的时间轴线，讨论从这些时间数字里可以发现什么秘密，以及可能存在的作家之间的互相启迪和影响；引导学生通过不用童话作品的片段阅读，领略童话里公主的不同形象：学生联系《白雪公主》《海的女儿》《豌豆上的公主》《西班牙公主的生日》等作品，发现童话故事里有很多不同的公主，有的美丽善良，有的精致娇嫩，有的言而无信，也有的冷酷无情……总之，对公主的认识突破了学生以往的常规认知，变得丰富而多元。这些问题不仅激发了学生的阅读兴趣，营造了阅读期待，更重要的是通过对这些高阶问题的讨论，引导学生学会站在一个非常开阔的背景下去思考，从别人未曾注意的细节上去发现，从纷繁复杂的材料中去提炼主要信息，从文字材料的表面去挖掘背后的意义，而这就是一种高阶阅读能力的培养。

汪琼老师的赏读课，则聚焦于两个要素进行赏读：一是发现童话作品的生长性，以及作家作品之间的联系；二是帮助学生认识许多童话作品的一个共同特点——套娃结构。学生将《六只天鹅》《野天鹅》《夜莺和玫瑰》联系起来阅读，通过分析、比较，发现了作家、作品之间的内在联系，以及建立在共同内核基础上的不断发展变化的逻辑线索，赏析、确认经典作品之间有序推进、规律性反复的结构特征。无论是童话作品的"生长性"，还是"套娃结构"，都立足于鉴赏，旨在发现经典童话作品的美学价值，领略其文学创作中实质的创造性，以及它们跨越时空、经久不衰的秘密。对三年级学生而言，经历这个赏读过程，其实就是形成和培养高阶阅读能力的过程。

杨薇和王睿两位老师共同执教的创读课，从"童话剧表演""童话人物走秀"和"制作创意推荐卡"等多种形式进行创读。这些活动突破了以往阅读只能"读"的窠臼，实现了阅读与其他学科和活动领域的跨界，引导学生进行团队协同合作，全身心参与到阅读之中，不但丰富、加深了阅读理解，也更能感受到阅读的快乐，体验阅读带来的成就感。在这些活动中，"阅读能力"依然是核心所在，因为如果没有对阅读的深度参与，这些创读活动就会流于形式，止于表面上的热闹。因此，创读课指向的依然是高阶阅读能力的培养。

当然,在不同主题的群书阅读课上,无论是启读课、赏读课还是创读课,涉及具体的操作层面,其路径和方法可能会有所不同,但指向高阶阅读能力培养的目的不变,正所谓殊途同归。

中国神话作品阅读课程

启读课

走近古老的神话
——《民间文学里的中国·神话故事》启读课教学设计

杭州市余杭区理想实验学校　吴诗清

文本解读

《民间文学里的中国·神话故事》一书与一般的神话故事选本不同的是，在内容的安排上分主题呈现，如有"开辟创世""始祖女娲"等主题，每一主题安排的都是与之相关的神话故事。编者从学生阅读、教师教学的立场出发，选择中国神话中最重要的几个类型作为阅读主题，在大量的读本中选择恰切的文本作为阅读的对象，分主题加以编排。为了普及民间文学的相关知识，对学生的阅读进行引导，每个主题下还安排了"小锦囊"和"智慧谷"两个板块，这也可见编者在帮助学生提升阅读成效方面的用心。

《民间文学里的中国·神话故事》全书一共安排了8个主题的内容，以创世神话为主。主题化的呈现方式既开拓了读者的眼界，使之可以了解在不同历史时期、不同著作、不同地域、不同民族对同一主题神话的讲述内容与讲述方式，也为读者提供了同题比较的载体。可以说，本书的编排已经为本书的阅读指导提供了方向与策略，那就是在比较中发现，在比较中归纳，在比较中创造。

设计思路

通过阅读同一主题的文本,我们可以发现,同一主题文本在不同时间与空间的传播中会出现变异,不同的人也会采用不同的文本进行讲述,但是其内核如主要人物、核心情节和人文精神是相对固定,或者说是不变的。以"精卫填海"的故事为例,本书所选的文本类型有故事、诗歌、歌曲和书评,情节有详有略,侧重点各有不同,精卫填海的原因也不尽相同,表面上看,似乎少有相同之处,但是当我们剥去层层外衣后,就能在归纳中深刻感知同一神话在历史长河中的传承与创新。

与本书编排特点相对应,整本书阅读的导读与一般的神话故事选本的阅读不同,在借助目录发现整本书编排内容与编排特点的基础上,教师更要引导学生运用"比一比"的方法,在阅读的过程中主动质疑、主动发现同一主题不同文本之间的相似性与差异性,感受神话故事在长期流传过程中的传承与创新。"比一比"的方法可作为一种重要的策略贯穿教学的始终,有了比较就会有发现,新的发现又会产生新的问题,因此"说一说""问一问"等策略的运用变被动阅读为主动发现,努力激发学生的探究欲望,并将这些方法运用到自主阅读中,形成"带着问题去阅读,带着方法去阅读"的正面导向,使阅读成为一次探秘之旅。

启读目标

1. 通过"精卫填海"不同文本内容的对比,初步感受同一主题故事在传承与创新过程中情节与人物形象上的相同与不同。

2. 迁移方法,引导学生尝试运用比较的方法阅读文本,运用多种方式记录阅读成果,激发学生阅读整本书的兴趣。

启读过程

·任务一：勾连已知，初知阅读文本·

1. 揭示话题。今天我们聊中国神话故事。关于中国神话故事，你有什么想和大家分享的吗？

2. 邮票回顾。（出示盘古、女娲、精卫的邮票图片）这些神话故事在我们中国可谓家喻户晓，你能叫出他们的名字吗？

3. 关注精卫。你是怎么判断这张邮票表现的是精卫的故事？

4. 提问激疑。（出示《精卫填海》课文原文）看来《山海经》中讲述的精卫填海这个故事已经深入人心，那你知道后人是怎么讲述这个故事的吗？你们想知道吗？

5. 揭示书目。（出示书的封面）《民间文学里的中国·神话故事》这本书可以满足我们的愿望。简介编者与封面设计等。

·任务二：聚焦主题，发现同与不同·

1. 观察目录。查看目录，说说你有什么发现。

2. 读题质疑。在这本书里就有专门讲述和精卫有关的故事，请你来读读这些故事的题目，你的脑海里有没有冒出小问号？

3. 初读发现。请你快速浏览第 86 页至第 97 页，说说你有什么发现。

4. 关注不同。通过比较，我们发现人们在用不同的方式讲述精卫的故事，形式有故事、诗歌、歌曲和书评。老师在阅读中还发现，课文中引用的"精卫填海"的故事只有 35 个字，而这本书中讲述的故事少则几百字，多则 1000 多字。聊到这里，你有什么想问的吗？

5. 发现不同。聚焦"精卫填海"主题下学生感兴趣的一篇文章，开展学习。

（1）自主阅读文本，边读边与课文《精卫填海》进行对比，想想两者有哪些不同。

（2）小组合作，用尽可能简短的词语概括不同，写在字条上。

（3）全班交流，说说自己的发现，板贴字条。

（4）小结不同。

6.寻找相同。通过比较，我们发现了古人和今人讲述的同一故事有这么多不同。我们换一个角度想一想：这些故事有没有共同点呢？

（1）再读故事，比一比，想想有哪些是相同的。

（2）学生交流发现，教师随机板书：人物、情节、精神。

（3）小结：通过对比，我们发现，这些古老的神话在传承的过程中，不断创新，产生了变化，出现了不同，但是其最核心的东西是相同的，是不变的。

·任务三：迁移方法，制订阅读方案·

1.方法迁移。像这样通过比一比来发现同一主题故事的同与不同的方法，还可以运用到本书哪些主题的阅读中？

（1）借助目录，选择一个主题，和同伴分享可以从哪些角度来比一比。

（2）全班交流：选择学生感兴趣的三个主题，共同交流比一比的角度。

2.分享计划。同一主题的神话故事究竟藏着多少同与不同呢？读完了《民间文学里的中国·神话故事》这本书，相信对这个问题你会有更多的认识。谁能和大家分享一下，你计划怎么来阅读这本书？

3.设定方式。阅读时，如果我们能留下阅读印迹，我们的阅读会更深入。

（1）你准备用什么方式来记录你的阅读发现？

（2）（出示"我的阅读印迹"学习单）相信大家都有自己喜欢的记录方式，你可以参考今天的形式，写一写发现的同与不同，也可以参考学习单上的思维导图进行故事梳理。

4.小结下课。期待大家的精彩发现，下次赏读课我们继续聊中国神话故事。

赏读课

认识古老的神话
——《民间文学里的中国·神话故事》赏读课（一）教学设计

杭州市余杭区理想实验学校　吴诗清

文本再读

　　《民间文学里的中国·神话故事》一书安排的 8 个主题神话故事，各个主题之间在故事情节、主要人物方面存在着诸多不同，这从主题名称中就可见一斑。但是，如果我们能用一双慧眼拨开表象的迷雾，挖掘文本深层的结构与故事中所蕴含的文化内涵，就会惊奇地发现，这些看似关联不大、差异较多的文本，其实隐藏着诸多的相同之处，而这些，正是需要我们带着学生去探寻的神话秘密。我们可借由这些文本，揭开神话的神秘面纱，打开神话的精神内核。

　　通过对本书的 8 个主题以及所选文本细加分析，可将本书大致分为两个部分："开辟创世""始祖女娲""日月天地""精卫填海"可分归为一部分，"伟大的祖先""来之不易的火""文化的英雄""远方异国"归为另一部分。前者同一主题文本均围绕同一人物（神）选编，而后者同一主题文本选编的是不同人物（神）的故事。此外，我们还发现，前者四个主题中的人物身上的神性更加鲜明，而后者四个主题中的人物神性已逐步减弱，虽然还有很多异于常人之处，但更多具有了人的特征。

设计思路

根据本书的编排特点，我们可围绕上述前四个主题和后四个主题分别设计学习活动，希望通过本书的共读，帮助学生打开了解、认识神话起源、人物形象、故事结构、精神内涵的窗口，激发根植于学生内心深处对神话故事以及远古时代自然与社会的探究欲望，进而愿意阅读更多的神话故事。为此，我们分别从不同的角度挖掘文本内在的价值，进行相应的教学设计。

"开辟创世""始祖女娲""日月天地"和"精卫填海"四个主题文本的学习可延续启读课中提出来的"比一比"的阅读策略，从课前、课中两个不同的学习阶段，借助故事梳理单，对文本进行主题内与主题间的多角度比较。

学习阶段	比较范围	比较角度
课前自学	主题内	故事情节
课中共学	主题间	人物身份、人物形象、解释现象

学生在完成整本书的阅读后，自主设计思维导图或表格，完成对四个主题文本故事情节的梳理，进一步熟悉故事内容，加深对同一主题文本在情节、人物、主题等方面变与不变的体认，为课中的讨论作好阅读准备。在此基础上，课中学生进行共学，同样借助故事单，在对不同主题文本进行多角度梳理后，教师可引导学生对梳理结果进行归纳、发现，进而提出关于神话文本的相关问题。在对问题的梳理归纳之后，结合学生的问题，聚焦其中一个文本展开讨论，在讨论中达成对于神话故事起源、神话人物形象以及人物身份等问题的初步认识。

这样的学习过程，阅读是起点，梳理、比较、归纳、质疑、辨析等认知表现是学习的路径，最终达成对文本的深度理解。

赏读目标

1. 通过阅读分享与自评,逐步养成良好的阅读习惯;通过思维导图、表格等的交流,进一步感受同一主题神话故事在演变过程中的变与不变。

2. 借助故事梳理单,发现不同主题神话故事的相同点,质疑探究,在讨论中达成对于神话故事起源、神话人物形象以及人物身份等问题的初步认识。

3. 在阅读、质疑、讨论中感受神话的魅力,愿意带着问题阅读更多的中外神话故事,体会阅读的乐趣。

赏读过程

课前自学

以个人或小组合作的形式,从四个主题中自选一个内容,运用思维导图或表格从故事情节、人物形象等方面进行故事梳理,比较故事的异同,并写下自己的阅读发现。

课中共学

· 任务一:分享展示,体会神话之变 ·

1. 阅读分享。

(1)全班交流以下话题:这本书中哪个故事或人物让你最感兴趣?为什么?在阅读的过程中,你是如何做到按计划达成阅读进度的?你是用哪些方法阅读这本书的?

(2)从以上话题中选择一个和同伴进行交流。

(3)借助阅读评价单完成自主评价。

评价内容	阅读计划	阅读印迹	阅读分享
评价标准	1. 按计划或提前完成全书阅读☆ 2. 完成全书阅读，但未按计划进行☆	1. 完成阅读印迹，有记录单☆☆ 2. 有阅读印迹，没有记录单☆	1. 主动进行分享☆☆ 2. 能在他人的鼓励下进行分享☆

2. 成果展示。

（1）每一个主题分别邀请一位或一组同学上台展示自己自主设计的思维导图或表格，说说自己的阅读发现。其他同学可以结合自己的阅读发现进行补充。

（2）分享思维导图或表格设计的思路或制作过程与方法等。

（3）说说从他人的成果中获得的启发或学习方法。

·任务二：梳理归纳，质疑神话之同·

1. 提出任务。

（1）我们已经发现，这四组故事各有各的主题，每一主题下的故事虽有不同，但互有关联，故事与故事之间有很多相同之处。那么，不同主题的故事之间有没有相同之处呢？如果有，会有哪些相同之处？结合你的阅读经验说说你的猜测或看法。

（2）让我们借助阅读梳理单来理一理，再比一比，找一找相同之处。

故事主题	人物身份	人物形象	解释现象
开辟创世	神		
始祖女娲			人类来源、婚姻制度、地陷东南
日月天地			
精卫填海			/

2. 梳理故事。

（1）每个小组可结合课前完成的思维导图或表格确定一个故事主题进行研究。

（2）根据阅读梳理单的要求，快速阅读书中的相关内容，结合课前自学成果，小组合作完成表格中相应内容的填写。

3. 汇报发现。分别请四个小组进行汇报，其他小组可以进行补充或修改，全班合作完成表格。

故事主题	人物身份	人物形象	解释现象
开辟创世	神	无私无畏、英勇献身	天地万物形成
始祖女娲	神	造福人类、英勇无畏	人类来源、婚姻制度、地陷东南
日月天地	神 自然物	造福人类	星星来源、昼夜成因、雨的形成
精卫填海	神女变鸟	意志坚定、志向宏伟 奋斗不息	/

4. 提问归纳。针对表格的每一列进行梳理归纳，说说自己的发现，达成共识：神话的主要人物大多是神；中国神话中的主人公人物形象基本都是正面的；人们往往用神话故事解释万物的起源。

5. 验证发现。

（1）其他主题中的神话是不是也有这样的特点呢？回顾读过或听过的神话故事，然后进行交流。

（2）从本书"伟大的祖先""来之不易的火""文化的英雄"三个主题中自由选择一个神话阅读，说说自己的发现。

6. 质疑提问。

（1）我们不但要会发现，还要学会提问。结合自己的阅读发现，对照梳理的表格，围绕神话，你能提出哪些问题？

（2）对全班提出的问题进行梳理归纳，提炼为几个核心问题，如：为什么人们要用神话故事来解释万物的形成？为什么神话故事中的主要人物都是神？为什么中国神话故事中的主人公形象大多是正面的？

·任务三：品读释疑，回溯神话之源·

1. 提出任务。同学们提出的问题非常有价值，你们关注到了神话最核心的一些问题。这些问题需要我们阅读更多的神话故事以及研究神话的相关资料才能有更全面和准确的了解。今天我们通过一个文本的研读，对这些问题进行一些初步的认识。

2. 研读文本。

（1）自读第 32 页到第 33 页《女娲补天》的故事，借助译文，结合已有的阅读经验，大致理解文言文的意思。

（2）聚焦选文第一句，思考：哪些神话故事中也有类似的情节？简单回顾大禹治水、黄帝和炎帝大战等的神话。

（3）结合文中所写的现象，联系相关神话故事，猜测远古时候可能发现了什么事情。从交流中感受神话故事是原始人对当时自然或社会现象的一种故事再现。

（4）面对这可怕的事实，女娲做了什么事？这些事情有没有人可以做到？

（5）回顾阅读经验，想想还有哪些事是神可以做到，而人做不到的？在交流中体会人们对自身渺小的认识，以及对神灵的崇拜。

（6）为什么中国神话中神的形象以正面为主？世界上其他国家和地区中神的形象也是这样的吗？这些问题初步交流之后留着以后慢慢研究。

3. 共读资料。出示第 28 页"小锦囊"第一段关于神话的资料，提升对于神话的认识。

4. 总结学习。神话，神奇的想象中包含的是远古时代人们对自然、社会现象的切身认识，对自然万物怀有的真挚情感，是老祖宗留给我们的遥远记忆，在代代相传中，成为每一个人血液与灵魂的一部分。

赏读课

探秘古老的神话
——《民间文学里的中国·神话故事》赏读课（二）教学设计

杭州市余杭区理想实验学校　吴诗清

设计思路

在第一部分的赏读课中，我们把目光聚焦于"开辟创世"等四个主题故事，在梳理相关信息的基础上交流故事深层所蕴含的关于神话故事起源和人物身份的相关话题，加深了对神话故事的认识。接下来，我们将围绕"伟大的祖先""来之不易的火""文化的英雄""远方异国"四个主题，探究中国神话故事的故事主题和故事结构特点，力求通过多角度的梳理，进一步熟悉神话文本，进而透过文本的内容去深入理解神话的含义以及文本的形式。而形式，正是歌德所说的文本的"秘密"。

根据前两节课的学习，学生对于比较这一学习策略已经不陌生，本课的学习为学生进一步掌握比较的学习策略提供了实践的机会和对象。学生可在课前自学和课中共学中迁移运用比较阅读策略，借助阅读梳理单了解文本的内容，为揭开文本形式的秘密提供讨论、发现的基础。围绕本课所要揭示的重点——故事主题与故事结构，所梳理的内容便可围绕这两点展开。课前自学时，学生围绕同一主题的故事进行梳理，发现同一类故事的共同点，为课中共学时发现不同主题故事间的共同点作好铺垫。为打开学生的视野，增进学生对中国神话的认识，课中共学时除将不同主题的神话故事进行比较外，还可引入学生熟知的外国神话，如古希腊神话进行比较。

探究是为了了解，了解是因为热爱。当带着学生在神话的文本中走了几个来回之后，我们还是要回到神话故事阅读的起点，那就是为了更深地热爱，为了更好地传承。当神话故事形式的秘密被揭开之后，我们便可以带着理解、带着方法来讲述更多的故事，让神话故事代代相传。

赏读目标

通过主题内与主题外不同神话故事的梳理，拓展外国神话故事，在比较中发现中国神话故事在故事主题、故事结构等方面的共同点。

赏读过程

课前自学

1. 完成成果。以小组合作或独立的形式，选择一个主题，完成学习成果。

（1）形式一："比一比"。选择"伟大的祖先""来之不易的火""文化的英雄"三个主题中的一个内容，完成相应的故事梳理单。

（2）形式二："画一画"。围绕"远方异国"这一主题，以图画或思维导图的形式再现异国人物的特点。

2. 展示成果。四个主题的学习成果在课前进行展示，全班同学以贴星星的形式进行评价，课中进行反馈，展示最佳成果。

"伟大的祖先"故事梳理单				
故事内容	人物	才能	超人力	成就
神农鞭药和尝药				南方天帝、农业神、医药神
黄帝的传说			主管神国统治鬼国	
夸父逐日		行走如飞		/
鲧盗息壤	鲧		盗取息壤	/

"来之不易的火"故事梳理单				
故事内容	取火原因	遇到困难	得到帮助	取火结果
钻木取火	改变生活			
阿当寻火种			燕子指点 野马带路 野马指点	取得了火种，后人纪念
托阿恩都哩		被悬挂在树尖上 被封在河里		

"文化的英雄"故事梳理单				
故事内容	遇到困难	受到启发	用心发明	价值意义
伏羲伐木制琴		凤落梧桐 百鸟朝凤		
结巢而居			挖土成洞，用树顶住枝条做洞顶，用荆棘盖住洞口	
嫘祖养蚕				改变穿树叶、披兽皮的习惯，过上男耕女织的生活
仓颉造字	已有的记事方法容易遗忘			

课中共学

·任务一：成果展示，完成自评·

1. 成果展示。优秀小组展示学习成果，其他同学对作品进行评价，指出优点，或者提出可改正的地方。

2. 完成自评。结合课前对他人作品的评价以及课中的交流，对自己或小组的学习成果进行评价，完成评价单。

评价内容	阅读成果	阅读分享
评价标准	完成阅读梳理单，内容完整☆☆ 完成阅读梳理单，内容不够完整☆	获得10颗及以上星星贴☆☆ 获得10颗以下星星贴☆

·任务二：比较归纳，发现秘密·

1. 提出任务。"伟大的祖先""来之不易的火""文化的英雄"这三个主题的故事不同之处是显而易见的，那么它们在故事的主题、讲故事的方式上有没有相同之处呢？我们来比一比，想一想，说一说。

2. 主题比较。

（1）出示"伟大的祖先"梳理后的表格，观察比较：这一组神话中的人物都有什么共同点？归纳出关键词。

<table>
<tr><td colspan="5" align="center">"伟大的祖先"故事梳理单</td></tr>
<tr><td>故事内容</td><td>人 物</td><td>才 能</td><td>超人力</td><td>成 就</td></tr>
<tr><td>神农鞭药和尝药</td><td>神农</td><td>1. 教人类播种五谷
2. 使五谷孕育生长</td><td>1. 诞生时涌现九眼井
2. 天落谷种
3. 鸟送嘉禾
4. 鞭药
5. 身体透明</td><td>南方天帝
农业神
医药神</td></tr>
<tr><td>黄帝的传说</td><td>黄帝</td><td>1. 发明车子、锅、陷阱和网
2. 教人盖房子
3. 打败蚩尤</td><td>主管神国
统治鬼国</td><td>太阳神
中央天帝</td></tr>
<tr><td>夸父逐日</td><td>夸父</td><td>行走如飞</td><td>1. 追赶太阳
2. 喝干河渭之水
3. 手杖化为林</td><td>/</td></tr>
<tr><td>鲧盗息壤</td><td>鲧</td><td>通晓地质水土</td><td>盗取息壤</td><td>/</td></tr>
</table>

（2）出示"文化的英雄"梳理后的表格，观察比较，这一组神话中的人物有什么共同点？归纳出关键词。

<table>
<tr><td colspan="5" align="center">"文化的英雄"故事梳理单</td></tr>
<tr><td>故事内容</td><td>遇到困难</td><td>受到启发</td><td>用心发明</td><td>价值意义</td></tr>
<tr><td>伏羲伐木制琴</td><td>跳舞时没有声音伴奏</td><td>凤落梧桐
百鸟朝凤</td><td>用梧桐木中段制作出琴</td><td>弹奏的音乐十分动听</td></tr>
<tr><td>结巢而居</td><td>没有居住的地方，遭受大自然的侵袭</td><td>暴雨中倒下的大树压在另外的树上形成小空间，人们躲在其中</td><td>挖土成洞，用树顶住枝条做洞顶，用荆棘盖住洞口</td><td>有了遮风挡雨的住所</td></tr>
</table>

续 表

故事内容	遇到困难	受到启发	用心发明	价值意义
嫘祖养蚕	不会织布纺衣，穿树叶、披兽皮，打猎不方便	看到蚕吐丝，梦到女神指点抽丝织锦	养蚕、煮丝、缠丝、拉丝，编成方块做成衣服，保存虫卵	改变穿树叶、披兽皮的习惯，过上男耕女织的生活
仓颉造字	已有的记事方法容易遗忘	观察大自然中的图形与轮廓，提炼简单的符号	文字诞生	给文明的传承与延续带来全新的方式和机遇

（3）这两组神话中的人物有什么共同点？梳理两组关键词，找出共同点。

（4）你能找到这两组神话在内容安排上的共同点吗？故事的题目已经告诉我们故事的主要人物和主要内容。

（5）如果我们把中国神话和外国神话进行比较，对于中国神话在人物形象和内容安排上的特点会有更清晰的认识。出示课文《普罗米修斯》，比一比：宙斯的形象与黄帝的形象相比有什么不同？《普罗米修斯》一课中出现了几位神话人物？讲述了几个神话事件？这和中国的神话故事在讲述上有什么不同？

（6）小结：中国神话中的人物往往是为了民族的生存和发展作出巨大贡献的人物，人们用讲述神话的方式来纪念这些伟大的人物与英雄。在中国的神话中，往往一个故事讲述一个人物的事迹。

3. 内容比较。

（1）出示"来之不易的火"梳理后的表格，观察发现，故事在讲述的内容上有什么共同点？

"来之不易的火"故事梳理单				
故事内容	取火原因	遇到困难	得到帮助	取火结果
钻木取火	改变生活	看不到火焰	/	取火成功，传授他人
阿当寻火种	寻找火种	找不到火种路远走不到热河挡路	燕子指点野马带路野马指点	取得了火种，后人纪念
托阿恩都哩	人间没有火种	被悬挂在树尖上被封在河里	喜鹊偷来红果老铁牛戳出窟窿	偷火到人间，在天上做苦工

（2）这部分故事的内容可以分为四部分：寻求改变—遇到困难—得到帮助—获得改变，我们把它简单地概括为故事的起因、经过、结果。

（3）和"文化的英雄"的故事比一比，两者在讲述上有什么共同点？

（4）归纳梳理：神话故事的起因就是祖先想要改变的现状；神话故事的经过是祖先改变现状的过程，或者说是克服困难的过程；神话故事的结果就是改变的结果，是人类当前的现状。

（5）是不是只有中国神话故事有这样的故事结构呢？出示《普罗米修斯》一文中盗火的部分，说说故事的起因、经过和结果分别是什么，印证发现。

·任务三：拓展阅读，寻找神话·

1. 提出任务。中国的神话其实不只是出现在故事中，文学、艺术、科学中都有神话的身影。请你根据提示，去搜集和神话有关的资料，了解相关的神话故事。

（1）搜集和神话有关的成语并摘录，建议对成语进行归类或配上相应的图画。

（2）搜集和神话有关的诗句，了解诗句中讲述的神话内容。

（3）搜集和神话有关的音乐或美术作品，了解作品中呈现的神话内容。

（4）搜集和神话有关的科技成果，了解科技成果和神话之间的关联。

2. 选择任务。自主选择其中的一项或两项内容，通过阅读、上网搜索、访问等形式完成资料搜集，整理学习成果。

> 创读课

追随古老的神话
——《民间文学里的中国·神话故事》创读课教学设计

杭州市余杭区理想实验学校　吴诗清

> 设计思路

通过启读课的"走近"以及赏读课的"认识""探秘",在持续的阅读与多种形式的梳理、归纳、比较、质疑、讨论、辨析中,学生对于中国神话在内容与主题上的传承与发展有了初步的感受,对故事起源、人物形象以及人物身份等问题有了一定的认识,并且发现了故事主题与结构的奥秘。可以这样说,学生读的是一个个中国神话故事,揭开的却是中国神话的秘密。

但是神话之于人们的生活,并不仅仅在于数之不尽的神话故事,它早已渗透到我们生活的方方面面。不仅文学中有神话的身影,神话也是艺术中常见和重要的表现内容。更有甚者,看似与神话相对立的科学也受到了神话故事的启发,很多的科学创造也从神话中汲取灵感。通过挖掘文学、艺术、科学中的神话元素,了解其中的神话故事,可以促使学生再一次重读故事,深入地感受神话的魅力,激发起对神话的热爱之情与探究之心。

众所周知,世界各地区各民族都有自己的神话故事,这些神话故事在讲述些什么?是如何讲述的?神话中有哪些人物?他们有什么特点?这些神话故事与中国神话故事有什么区别?一个个外国神话故事就是一扇扇窗,一扇扇了解他国历史、地理、文化等的窗。我们有必要引导孩子,将目光从中国神话投向外国神话，迁移运用阅读中国神话故事的方法，开启外国神话故事的阅读，为后续的外国神话故事整本书阅读作好准备。

创读目标

1. 通过资料的收集与交流，感受神话故事对文学、艺术、科学的影响，体味神话的永恒魅力。

2. 运用故事结构讲述中国神话故事，加深对中国神话故事的了解，提升阅读兴趣。

3. 借助注释查找书目，拓宽阅读面，迁移方法延伸阅读中外神话故事，在比较归纳中加深对神话故事的认识。

创读过程

·任务一：寻找故事，体味神话·

1. 提出话题。神话讲述的是远古时代的故事，但是它离我们并不遥远，它就在我们的身边。

2. 交流成语中的神话。

（1）课前，你收集了哪些和神话有关的成语？你是怎样呈现你收集的神话成语的？和你的同伴交流你的学习成果。

（2）展示学生学习成果，特别表扬归类整理、为成语配插图等呈现方式。

（3）出示一组神话成语，朗读。

3. 发现诗歌中的神话。

（1）出示一组诗句，说说你从中找到了哪些神话故事，诗中提到了哪些神话情节。

（2）把自己收集的和神话有关的诗歌读给四人小组成员听。

4.欣赏艺术中的神话。

（1）欣赏歌曲《精卫填海》，小组成员交流自己的感受。

（2）四人小组交流自己收集的和神话有关的美术作品，说说作品表现的是哪个神话故事。

（3）学生推荐两幅美术作品供全班共同欣赏，并简要讲述相关的故事。

5.感受科学中的神话。

（1）出示几组和神话有关的科技成果："嫦娥"探月工程、"昆仑"南极科考站、"悟空"暗物质探测器、"祝融"号火星车、"天宫"未来空间站，说说自己的发现。

（2）为什么中国人要用神话故事中的人物或事物为科技成果命名？

（3）小结：神话传承的是中国人共同的精神信仰，正是这些精神促使中国人不断奋发努力，而科技则把人类童年的幻想变成了现实。

·任务二：讲述故事，传承神话·

1.提出任务。通过交流我们发现，神话就在我们身边，已经成了我们生活的一部分，不断滋养着我们的心灵。我们有必要把这些故事传承下去，让更多的人了解中国的神话故事，获得滋养。除了反复地听反复地读，讲故事也是有方法的。我们可以根据故事的结构讲好故事。请你选择书中的一个故事再次回读，借助我们梳理的表格或自己完成的导图，用自己的话讲一讲。

2.讲述故事。自读故事，练讲，全班交流后同伴互讲互评。

评价内容	故事讲述	
评价标准	故事内容完整☆☆ 故事内容不够完整☆	讲述流畅，态度自然大方☆☆ 讲述较流畅，态度较自然☆

·任务三：阅读故事，探索神话·

1.交流体会。通过对《民间文学里的中国·神话故事》一书的阅读，以及围绕这本书展开的一系列学习活动，你对神话或者中国神话有了哪些新的认识？你喜欢神话故事吗？为什么？

2. 运用方法。

（1）接下来，你还想阅读哪些神话故事？

（2）你可以运用什么方法来寻找书目？提示：本书中的神话故事选自不同的书目，可以根据注释查找书目并进行阅读。

（3）之前我们阅读神话故事，可能更多的是关注故事的情节。通过学习，你计划如何阅读更多的神话作品？

（4）在阅读的过程中，我们可以尝试运用比一比的方法，选取一个角度，对不同的文本进行比较，相信你会发现更多故事背后的秘密，感受更多阅读的乐趣。

3. 作品推荐。

（1）推荐古希腊神话、北欧神话和美洲神话。说说你想从这些神话故事中读到一些什么内容。

（2）你想知道这些神话中有哪些捣蛋鬼吗？你想知道中国神话和古希腊神话中的太阳车有什么不同吗？你想知道北欧神话和古希腊神话的众神之王有什么不同吗？那就拿起书开始阅读吧！希望大家在阅读中比较，在思考中发现，在讲述中传承。

> **赏 析**

感受神话永恒的魅力
——吴诗清老师《民间文学里的中国·神话故事》整本书阅读设计赏析

闫 学

　　神话承载着人类童年时代飞腾的幻想，是人类远古记忆的记录与传承，神话中的人物形象所蕴含的精神品质，随着故事在民间不断地口口相传、发展演变，神话中的主要情节逐渐稳定下来，主要人物的性格特点和精神品质也逐渐鲜明和固化，既蕴含了人们对世界的好奇和对生活的希冀，也体现了人们对某种精神品质的颂赞与追求，这些都在历史的长河中逐渐沉淀下来，逐渐演变成民族精神的一部分。不论是追日的夸父，补天的女娲，还是填海的精卫，造字的仓颉，代表的都是民间文学里的中国，展现了中华民族精神和文化的特质、发展与传承。至今，在我国航空航天领域，"嫦娥一号""天宫一号""祝融号"等世界高科技领域的代表作品，可谓将远古时代的人类梦想变成了现实，不仅承载着过去，也连接了现在，同时照亮了未来。因此，从这个意义上来说，引导学生阅读神话故事，具有深层次的意义和价值。

　　同时，《义务教育语文课程标准（2022年版）》在关于整本书阅读第二学段的学习内容中，明确提出："阅读中国古今寓言、中国神话传说等，学习其中蕴含的中华智慧，口头或书面分享自己获得的启示。"在统编小学语文教材中，也安排了专门的神话主题单元，以及"快乐读书吧"的神话类整本书阅读的要求。这些都在整本书阅读的实践层面作出了明确的规定，也保证了神话类整本书阅读的落地实施。

吴诗清老师围绕《民间文学里的中国·神话故事》这本书，面向第二学段学生，进行了神话类整本书阅读的课程设计，从启读、赏读和创读这三个阶段性阅读任务，展现了神话类整本书阅读课程化的全过程。我们可以从以下几个方面分析吴老师的阅读设计。

·感受神话人物的精神魅力·

中国古代神话在民间经过了世世代代口口相传，文字记录也随之不断发展演变，逐渐赋予了人物形象鲜明的个性和动人的品格，往往充满了精神魅力。如追日的夸父"壮志未酬身先死"的悲壮，如抡起巨斧的盘古开辟鸿蒙的神勇，如尝药的神农为人类健康作出的无私奉献……这些人物形象都给读者留下深刻印象。吴老师的阅读设计非常注重帮助学生感受人物形象的精神魅力。比如，引导学生在阅读中说说自己的发现：神话的主要人物大多是神或英雄，中国神话中主人公的形象基本都是正面的等。再如，在启读课上引导学生感受精卫这个形象，学生在统编小学语文教材四年级上册神话单元的学习中，已经阅读了出自《山海经》中的精卫故事，对精卫这一形象比较熟悉，再通过阅读其他类型的精卫故事版本，就能在归纳中深刻感知同一神话故事在历史长河中的传承与创新。学生阅读了《民间文学里的中国·神话故事》这本书中"精卫填海"的内容后，联系教材中故事版本，就会发现，自古以来人们在用不同的方式讲述精卫的故事，虽然讲述的内容长短不一，体裁也多种多样，但精卫身上所体现的悲剧性精神内核始终没变。

那么，理解精卫身上这种悲剧意识究竟有什么意义呢？学者李贞颖在《神话：远古记忆的重述与解读》一书中有过这样的表述："任何一种成熟的文化都必然有成熟的悲剧意识，没有悲剧意识的文化是没有韧性的。这种韧性，能够使一个民族无论遭受多大的苦难，都能够顽强地生存下来。"① 精卫顽强抗争、矢志不渝的品格和精神力量，也成为中华民族千百年来百折不挠、永不屈服、永葆活力的精神气质。吴老师的设计，从教材学习到整本书阅读，从单篇神话阅读到同主题多篇神话阅读，不仅激发了学生对神话故事和人物形象的兴趣，也加深了对神话故事这类文本特质的认识，深化了对神话人物形象的理解，而神话对后世的深远影响也开始有了初步的洞察力。

·感受神话情节的叙述魅力·

吴老师非常善于引导学生进行比较阅读，在比较阅读中发现神话故事的奥秘。而比较作为一种非常重要的文艺批评方法，需要教师具有开阔的阅读背景和较强的文学鉴赏能力。吴老师在赏读课上提出了这样的学习任务：从《民间文学里的中国·神话故事》这本书中选择"伟大的祖先""来之不易的火""文化的英雄"这三组故事，进行比较，这些故事在主题、结构上有没有相同之处？学生通过梳理信息，在比较中发现：在主题上，中国神话中的人物往往是为了民族的生存和发展作出巨大贡献的人物，如炎帝、仓颉，人们用讲述神话的方式来纪念这些伟大的人物与英雄，所以古希腊神话中的宙斯与中国神话中的黄帝是不同的；在情节叙述上，中国神话一般都是遵循着"寻求改变—遇到困难—得到帮助—获得改变"这样的结构来进行的，这是中国神话创作的特点和一般规律。

有人可能会问，引导小学中段的学生做这种研究是否有必要呢？这样的阅读研究意义就在于，从纷繁复杂的文本材料中提炼主要信息，从各不相同的故事中发现共性规律，这是一种高阶阅读能力。学生在这样的阅读中逐渐养成了这种能力，对提升学生的整体认知能力和思维能力有很大帮助。在这个过程中，学生不仅对中国神话的特点有了较为透彻的认识，也进一步感受到中国神话在叙述情节时展现出的结构魅力，这同时也为学生在后续的创读课上进行"神话故事我创作"打下基础——学生可以根据自己所掌握的神话

---

① 李贞颖：《神话：远古记忆的重述与解读》，华东师范大学出版社，2008年版，第127页。

故事的基本结构特点，创编属于自己的神话故事，而出自学生的创编，又何尝不是某一个神话故事的另一种版本呢？这也正是切中了神话在民间不断相传、逐渐演变的基本特质。

另外，从西方接受美学理论来看，其代表人物沃尔夫冈·伊瑟尔认为"文本是召唤的结构"，作品的不确定点和空白处召唤着读者赋予新的意义，能够参与作品的再创造，那么，当学生掌握了神话的基本结构和创作规律，就可以充分发挥自己的想象，在一定的故事框架内进行填补或改编，完成新的神话故事。

·感受神话故事的召唤魅力·

中国古代神话承载的不仅是远古时代的记忆，也集合了我们的祖先在人与大自然的抗争中所承受的苦难、拥有的发现、展现的智慧和取得的成就，同时寄托了人类对美好生活的期许、渴望，不屈的抗争，勇敢的奋斗，以及飞腾的幻想。造字的仓颉，养蚕的嫘祖，奔月的嫦娥，逐日的夸父，他们既是走在神话里的人物，也是走向未来的生动、壮阔的人类文明史。从这个意义上来说，这些经典的神话故事、鲜明的人物形象似乎永远在召唤着我们，不断回到人类童年，回到民族的话语之乡，让我们知道了自己的来处，也懂得了前行的方向。吴老师在创读课上，引导学生结合与神话有关的成语、诗句、音乐和美术作品，以及当今与神话有关的科技成果，如"嫦娥""天宫"航天航空工程等，提出问题让学生讨论：为什么神话故事会频繁地出现在文学作品和艺术作品中？为什么中国人要用神话故事中的人物或事物为科技成果命名？这是两个真正的高阶问题，通过这样的交流，帮助学生感受神话故事对文学、艺术和科学的深远影响，体味神话的永恒魅力。

外国神话作品阅读课程

启读课

呼唤神的名字
——《希腊神话故事》启读课教学设计

杭州市余杭区理想实验学校 吴诗清

文本再读

《希腊神话故事》一书由德国著名的浪漫主义诗人古斯塔夫·施瓦布所著,花城出版社出版。正如本书译者之一赵燮生所言,本书"为读者敞开了一扇观察和认识古希腊乃至欧洲文化的窗口"。

本书讲述的故事以普罗米修斯起,至奥德修斯终,以一个个神话人物和英雄作为每一章的题目,在内容的编排上呈现出一定的时间序列。在诸多的神话人物和英雄中,作者重点讲述了阿耳戈英雄们、赫拉克勒斯、特洛伊的战争等大家耳熟能详的故事,从起因到故事的终局均有交代,较完整地向读者展示了希腊神话故事的面貌。作者将荷马史诗《伊利亚特》和《奥德赛》改写为通俗的故事,这对普及希腊神话故事是一项重大的贡献。

本书不但内容丰富,脉络分明,在对人物的形象塑造上也十分成功,描写引人入胜。以希腊神话中最出名的美女海伦为例,如何表现出海伦超凡脱俗的美呢?作者更多的是通过敌对双方对海伦的态度来表现的。特洛伊之战海伦是罪魁祸首,从人之常情的角度来说,因她而饱受十年苦战的双方对她都难免会有怨恨之情。可是,特洛伊的长老们看到美丽的海伦之后却觉得为她打仗是无可抱怨的;跟着她的丈夫出海远征十年的丹内阿人看到她后,觉得这一切都是值得的；她的丈夫再次看到她之后，也丝毫没有怪罪她的背叛，马上与她重修旧好。作者通过多角度的侧面描写，把海伦的美交给了读者去想象，可以说，每一位读者心中都有一位海伦。

设计思路

希腊神话故事作为"观察和认识古希腊乃至欧洲文化的窗口"，它的意义不仅仅在于其所讲述的一个个充满神奇色彩的故事，在读者心中留下了一个个形象鲜明的神和英雄的形象，更重要的是，它对后世所产生的巨大影响。希腊神话故事的内容成了欧洲文学和艺术创作的无尽源泉，它不仅是西方美术、音乐、建筑、雕塑、文学、电影等取之不尽的宝藏，甚至还出现在了游戏中，成为电脑病毒的名称，影响全世界的奥林匹克运动会也与之有关。这些都是激发学生阅读希腊神话故事的有效素材，从不同的角度为学生提供了解希腊神话故事的方式。

通过前期对中国神话故事整本书的阅读，学生对于神话已经有了一定的了解，掌握了一定的阅读神话故事的方法，因此本书的阅读可以直接聚焦文本的内容，通过希腊神话之"最"的推荐，引导学生在阅读过程中关注作品对人物形象的塑造、故事情节的讲述等方面，为自主阅读提供思考与记录的角度，鼓励学生带着方法开展阅读，边阅读边思考，并能及时进行阶段性阅读成果梳理，为后续的深入交流与讨论作好准备。

启读目标

1. 借助与希腊神话有关的美术、音乐、体育等资料，感受希腊神话对欧洲文化的巨大影响力，激发阅读兴趣。

2. 聚焦希腊神话之"最"，初步感受希腊神话的魅力；通过质疑提问，引导学生带着问题开展阅读，培养阅读习惯。

3. 通过阅读计划的制订与阅读印迹形式的选择，鼓励学生带着方法开展阅读，坚持阅读。

启读过程

·任务一：多元呈现，发现神话元素·

1. 初识神祇。

（1）中国的神话中有一座仙山，叫昆仑山，山上住着西王母等仙人。古希腊神话中也有一座神圣的山，叫奥林匹斯山，山上住着古希腊神话中的神祇。人们在祭祀这些神祇时会大声呼唤神祇的名字。出示一串神祇的名字，朗读。

（2）这是奥林匹斯十二主神，你知道他们分别是什么神吗？选一个说说。

（3）出示神祇的名称，齐读。

2. 欣赏作品。

（1）这些名字不但出现在祭祀时人们的口中，还出现在我们的生活中，成为文学和艺术创作的源泉。

（2）欣赏与希腊神话有关的美术、音乐、建筑、雕塑、文学等作品，猜猜讲的是哪个神话故事，或者和哪个神话人物有关。

（3）了解与特洛伊有关的信息：电影、城市名称、游戏、电脑病毒、小说、绘画等，观看电影《特洛伊战争》中木马计片段。说说人们为什么喜欢用特洛伊进行创作或命名。

（4）简单介绍奥林匹克运动会与希腊神话相关的信息。

古代奥林匹克运动会是古希腊人对以宙斯及其妻子赫拉为代表的奥林匹斯山上诸神的祭祀和崇拜活动。古代奥林匹克运动会点燃圣火的仪式，起源于古希腊人类自上天盗取火种的神话。

3. 话题讨论。

（1）为什么经历了几千年的时光，神话元素依然出现在人们的生活中？

（2）虽然隔着几千年的时光，但是神话从来没有远离我们，早就成为我们生活中不可分割的一部分。让我们走近奥林匹斯山，去认识他们，了解他们。

4. 介绍作者与书目版本。

·任务二：聚焦之"最"，初品神话滋味·

1. 观察目录。从目录中你发现了什么？

2. 发现不同。联系课文以及我们读过的中国神话故事，你发现中外神话故事题目有什么不同？（希腊神话故事的题目以人物为主，中国神话故事则是人物加事件。）

3. 提出任务。希腊神话都在讲述什么呢？我们来认识其中几个之"最"。

4. 初知最美的女人。

（1）如果要评选希腊神话中最美的女性，你觉得谁会当选？

（2）出示三个片段，自读，说说有什么发现。

片段一：老人们看见海伦走来，立刻为她的天姿国色所倾倒，并互相悄悄地低语："怪不得希腊人与特洛伊人为这个女人争斗了多年，她看上去就像一位不朽的女神！……"

普里阿摩斯亲切地招呼海伦。"过来吧，"他说，"我的可爱的女儿，坐到我的身旁来！我要让你的第一个丈夫，让你的亲戚朋友们看一下，让他们知道你对这场苦难的战争是没有责任的。……"（P296—297）

片段二：墨涅拉俄斯把尸体踢到一边，沿着宫殿的走廊走去，到处搜寻海伦，心里充满了对结发妻子的矛盾感情。……看到妻子就在眼前时，墨涅拉俄斯妒意大发，恨不得把她一剑砍死，但阿佛洛狄忒已经使她更加妩媚、美丽，并打落了他手里的宝剑，平息了他心里的怒气，唤起他心中的旧情。顿时，墨涅拉俄斯忘记了妻子的一切过错。（P444）

片段三：当她来到战船时，丹内阿人立即为她无比的美丽所倾倒。他们悄悄地说，为了这个绝色美女，他们跟着墨涅拉俄斯出海远征，受了十年煎

敖，也是值得的。（P446）

（3）关于海伦或者神话中的女性这个话题，你有什么想了解的吗？

5. 初知最伟大的英雄。

（1）希腊神话中不仅有许多美丽的女性，还有男神和英雄。谁是你心目中最伟大的英雄？

（2）赫拉克勒斯是我们比较熟悉的一位英雄，他曾勇敢地救下了被锁在高加索山上的普罗米修斯。他曾完成了12项"不可能完成"的任务。出示目录中的相关内容，阅读"清扫奥革阿斯的牛棚"，说说你觉得赫拉克勒斯是一位怎样的英雄。

（3）赫拉克勒斯是如何完成这12项不可能完成的任务的呢？这位英雄人物又有着怎样的命运？开启阅读，你就会了解得更多。

6. 初知最有名的战争。

（1）希腊神话中有许多关于战争的描写，如果要评选最有名的战争，一定非特洛伊战争莫属。关于特洛伊战争，你知道些什么？

（2）简单介绍特洛伊战争，阅读关于木马计的文本。

（3）关于特洛伊战争，你还想知道什么？

（4）作为备受世人喜爱的话题，特洛伊战争故事的精彩一定不能错过。

7. 激发兴趣。关于希腊神话，你还想知道哪些之"最"？打开书，它能满足你的好奇心。

·任务三：制订计划，留下阅读印迹·

1. 制订计划。

（1）《希腊神话故事》这本书比较厚，你有什么好办法可以帮助自己在一定的时间内读完它吗？

（2）选择你喜欢的阅读方式，合理利用时间，制订属于你的阅读计划。

2. 借鉴方法。

（1）希腊神话中讲述了很多神和英雄的故事，你有什么好办法记住这些神和英雄的事迹吗?

（2）有一些故事内容很长，人物也很多，比如关于特洛伊战争等，看了前面容易忘记后面，或者混淆了里面的人物，你有什么好办法解决这个问题吗?

（3）小结：在阅读的过程中，多动笔，画画人物图、情节图等，便于理清故事的内容。

3.留下印迹。选择自己喜欢的形式留下阅读印迹，也可以自行设计。

选　项	神谱	神迹	神踪	神像	神器
要　求	绘制谱系图	绘制事迹图	绘制行踪图，并标注与之相关的主要事迹	描绘印象最深刻的人物画像	绘制神话人物的神器，并说明其神奇之处

赏读课

追慕神的飘逸
——《希腊神话故事》赏读课教学设计

杭州市余杭区理想实验学校　吴诗清

设计思路

　　《希腊神话故事》的整本书阅读基于中国神话故事的阅读展开，可从神话主题、神祇称谓、故事情节、人物形象等方面，运用对比的阅读策略，既勾连了中国神话，又梳理出希腊神话故事的基本特征，由此对世界神话的特征形成一个初步的认识。

　　中国神话、希腊神话的对比可从两方面进行：一方面是异中求同，另一方面是同中求异。虽然故事的题目与神祇的名字不同，但是中国神话、希腊神话在故事主题与神祇称谓的设定上却有着惊人的相似。五大神话主题如创世神话等，在两大神话中均有涉及，两个神话体系中均有太阳神、水神等神祇。这些比较后的发现也为学生后续阅读其他神话故事，为世界几大神话体系的比较归纳奠定了基础。

　　虽然中国神话、希腊神话在包括故事结构在内的诸多方面有相同点或相似性，但是其人物的形象与命运却有诸多不同点，而这正是希腊神话独特性的体现。通过同一主题故事，如洪水神话中造成灾难的起因以及救灾过程中神们的作为，以及同一类型故事，如以"寻"为主要线索的故事中神和英雄们不同的出发点，我们可以在比较中发现中国神话、希腊神话的神祇在人们心目中的不同形象。与中国神话中的神和英雄大部分以"善终"为结局不同，希腊神话中不管是神还是英雄，都要忍受命运的摆布，结果往往以悲剧收场，体现了希腊神话的悲剧性特点。通过聚焦悲剧性人物俄狄浦斯一生的经历，我们便可真切地感受到这一点。

赏读目标

1. 在交流中发现中国神话、希腊神话在故事主题与神祇设置上的共性；通过对比阅读，感受希腊神话人与神争斗，以及人和神与命运争斗的特殊性。

2. 通过对同一类型神话故事情节的比较，归纳神话故事结构，体会神话鲜明的人物形象，并初步感受不同国家和地区神话人物形象的差异性。

3. 在阅读、对比中激发学生继续广泛、深入阅读神话的兴趣。

赏读过程

·任务一：交流成果，发现共性·

1. 成果交流。

（1）课前同学们已经读过了希腊神话故事，并以不同的方式留下了阅读印迹，接下来请选择其中的一种形式进行四人小组交流，包括阅读计划如何执行、阅读印迹的内容以及如何完成阅读印迹等。

（2）小组派代表全班交流。

（3）根据评价标准完成自评。

评价内容	评价标准	评价结果
阅读计划	开展阅读☆☆　按计划阅读☆☆☆	（　　）☆
阅读印迹	参与制作☆☆　完成制作☆☆☆	（　　）☆

2. 交流发现。

（1）从同学们的分享中可以感受到，大家对希腊神话故事已经进行了深入的阅读，对神话中的人和事都有了更多的了解。读完了希腊神话，你有什么发现吗？将自己的发现写在磁贴上，贴在黑板上。

（2）请学生根据内容对磁贴进行归类。

3. 发现主题。

（1）你在希腊神话中有没有读到这些出现在中国神话中的主题？对照表格快速找一找。

（2）五大神话主题在希腊神话中均有反映。借助表格填一填，这些神话中分别出现了哪些神？

	创世神话	始祖神话	洪水神话	发明创造神话	战争神话
中国神话	盘古	女娲	大禹	仓颉、黄帝、神农、燧人等	黄帝、炎帝、蚩尤等
希腊神话	盖亚	普罗米修斯	阿尔忒弥斯	普罗米修斯等	七英雄、阿喀琉斯、赫克托耳等

4. 梳理神祇。你在希腊神话中有没有读到这些神？和同伴交流填一填。

	太阳神	月神	水神	火神	海神	冥神	农神
中国神话	炎帝	常羲	共工	祝融	禺强	阎王	神农
希腊神话	阿波罗	阿尔忒弥斯	欧申纳斯	赫菲斯托斯	波塞冬	哈迪斯	德墨忒尔

5. 小结发现。中国神话、希腊神话在神话主题与神祇设置上均有很大的相同点。世界其他神话体系是否也有这样的相同点呢？在以后的阅读中可以留意。

·任务二：对比阅读，发现特性·

1. 发现人神之争。

（1）中国神话、希腊神话有这么多相同点，那么有什么不同之处吗？我们借助《丢卡利翁和皮拉》这个希腊的洪水神话与中国大禹治水的洪水神话作个比较，看看会有什么发现。快速浏览《丢卡利翁和皮拉》，读完借助表格填一填。

	洪水起因	人类遭遇	退水办法	救灾结果
大禹治水	天灾	生活痛苦	疏通河道	人们安居乐业
丢卡利翁和皮拉	神祸	淹死饿死	神祇显灵	重新造人

（2）想一想，在这两个神话故事中，神灵们都在扮演着什么角色？

（3）小结：在希腊神话中，人们的灾难常常来自神灵。当然，也有的神灵，如普罗米修斯、阿尔忒弥斯等，不但参与了人类的创造，而且常常给予人类帮助。

2. 感受命运之争。

（1）其实，希腊神话中的人不仅要和神争斗，还要和命运进行争斗，对于这一点，连神也不能例外，其中最著名的是俄狄浦斯的故事。出示故事简介：

俄狄浦斯的父亲在特尔斐神庙得到神谕，说他将死在儿子的手里。俄狄浦斯出生后，被遗弃在荒山中，但被国王波吕玻斯收养。俄狄浦斯长大后得到神谕，被告知他将杀害自己的父亲，并娶自己的生母为妻。不知自己身世的俄狄浦斯为避免神谕成真，便离开科任托斯。路上，他无意中打死了一位老人，这个老人正是他的生父。后来，他因解救了底比斯城，成了国王，并在毫不知情的情况下娶了自己的生母，并生下了四个孩子。之后，神祇给这个城市降下瘟疫，在先知的揭示下，他发现他正是这个灾祸的根源，于是他刺瞎了自己的眼睛，漂泊四方。

（2）这个故事中的神谕是什么？为了避免神谕成真，人们作了哪些努力？

（3）俄狄浦斯已成为欧洲文学史上典型的命运悲剧人物。在希腊神话中，类似于这样想要反抗命运却最终失败的例子比比皆是，大家在阅读的过程中可以多加留意。

·任务三：梳理结构，体会形象·

1. 提出任务。在阅读的过程中，有同学发现"很多神话故事的情节有相似的地方,主人公都会遇到困难甚至是磨难"。你在阅读的过程中有没有这样的感受?哪个故事有类似的情节?

2. 发现规律。是不是这样的呢?我们做一个研究。

(1)我们从大家做的故事情节图中选取三个比一比,你发现了什么?

(2)将共同的情节内容进行归纳,绘制故事结构图。

(3)通过绘制故事地图,我们发现,这些神话故事在情节上竟然有一种普遍的模式:出发历险—遇到困难—获得帮助—战胜困难—历险归来。这样的结构,我们在阅读中国神话时也有似曾相识之感。

3. 体会形象。这些类型相同的故事除了情节结构相似外,在哪些方面还会有相同或相似之处吗?接下来我们聚焦人物形象,在比较中发现。

(1)选择《阿耳戈英雄们的故事》《七英雄远征底比斯》《特洛伊的故事》三个故事中的一个,想一想故事的主人公给你留下了怎样的印象,填写表格中的相应部分。

故事内容	人物印象	历险目的
阿耳戈英雄们的故事		
七英雄远征底比斯		
特洛伊的故事		

(2)全班交流,发现共同性:主人公都很勇敢,都能坚持到底,武艺高强。

(3)这样的人物形象我们有一种熟悉的感觉,在中国的神话故事中,那些主人公也这样勇敢、坚强。那么中国神话、希腊神话中的主人公有没有什么不同呢?请你再次快速浏览故事中的相应部分,想一想:这些英雄都是为了什么而出发历险?

(4)伊阿宋和七英雄都是为了自己的王位开始冒险之旅,墨涅拉俄斯则是为了被劫走的妻子,他们都为着自己的地位、名誉等开始历险。而在中国神话中,神农为了治病救人尝百草,大禹为了治水三过家门而不入,他们都是因为一心为他人而得到人们的尊重。

(5)通过对比的方式,我们发现了同一类型的神话在情节结构、人物形象方面的相似点，我们也在对比中发现了不同文化背景下人物形象的差异性。世界不同神话体系中的人物形象会有哪些差异呢？又为什么会有这样的差异？这是一些非常有趣的话题，留给大家在不断的阅读中继续比较，继续思考。

4.制作成果。继续阅读《希腊神话故事》，选择自己喜欢的形式，继续从不同的角度留下阅读印迹。

创读课

轻唱神的故事
——《希腊神话故事》创读课教学设计

杭州市余杭区理想实验学校　吴诗清

设计思路

希腊神话的魅力是无穷的，不仅体现在故事本身，更体现在其对后世的巨大影响上。阅读希腊神话，不仅仅在了解一个个故事，更是在追溯欧洲文学和艺术的源头。因此，在学生阅读完《希腊神话故事》整本书之后，有必要将学生的目光从神话故事本身转向更为广阔的文学与艺术世界，让学生在多形式作品的欣赏中回顾神话作品的情节与人物，感受神话对后世生活的深刻影响。与启读时以激发学生好奇心为目的的作品欣赏不同，创读课中与希腊神话相关作品的呈现，是一种回顾与检验，更是为学生从更多角度展示阅读成果提供了学习与借鉴的方向。如学生可以借鉴名画作品，选取一个画面进行绘画创作；借鉴建筑造型，制作泥塑作品；借鉴电影和剧本，选择部分内容进行剧本创作与表演等。

与此同时，我们还要关注到，中国神话、希腊神话只是世界神话体系中的一部分，不同国家和地区的神话均有其独特的魅力，值得关注与了解。因此，本课的学习并不是神话故事阅读的终点，而是一个新的起点。通过同一主题神话的猜读，如北欧与印度的造人神话，以及同一神祇的不同形象比较等，如不同神话体系中的月神形象，激发学生阅读并了解更多的神话故事，热爱神话，传播神话，让神的故事在世间一直轻轻传唱。

创读目标

1. 通过与希腊神话有关的艺术作品及文学作品的欣赏与了解，感受希腊神话的巨大影响力，鼓励学生多形式搜集相关作品并开展多形式活动，深入体会希腊神话的魅力。

2. 通过延展阅读，激发学生阅读世界各地神话故事的兴趣，开展自主阅读。

创读过程

·任务一：交流成果，体会特点·

1. 展示成果。

（1）结合自己的阅读，同学们从不同的角度对神话的内容进行了梳理，接下来请在小组中进行交流分享：可以读文字、展示画作、描绘内容等形式，也可以演一演的方式让其他同学猜猜是哪位神话人物或哪个神话故事。

（2）小组派代表进行全班交流。

2. 聚焦谱系。

（1）观察同学完成的谱系图，说说自己的发现。

（2）回顾中国神话故事，说说自己所知道的神话人物之间的关系。

（3）小结：与中国神话中神明之间关联不大相比，希腊神话中的神和英雄有着清晰的谱系，奥林匹斯山就像一个大家族的聚居地，而宙斯就是神族的大家长。

3. 整理作品。完成同一个主题内容的同学可以把作品进行汇集整理，制作属于你的希腊神话作品集，并为作品集取一个响亮的名字。

·任务二：欣赏作品，感受魅力·

1. 欣赏作品。

（1）在第一次交流《希腊神话故事》的时候，我们曾欣赏过一些和希腊神话有关的作品。现在，当我们读完了整本书，相信你能很快判断出它们与哪个神话故事或哪位神话人物有关。出示相关图片资料，包括绘画、建筑、电影海报等，同伴互相交流。

（2）选择一至两个小组进行全班交流，其他组员补充。

（3）全班共同欣赏绘画、建筑与电影海报。

2. 交流感受。

（1）通过刚才的交流与欣赏，你对希腊神话故事又有了哪些新的认识？

（2）课后同学们可以选择自己感兴趣的一个角度进行资料的搜集，发现这些艺术作品背后的神话元素，感受神话的魅力。你也可以用自己的方式，如绘画、泥塑等再现希腊神话的内容。

·任务三：了解悲剧，创编表演·

1. 提出任务。希腊神话不仅对欧洲的艺术创作产生了巨大的影响，同样在文学领域发挥了影响力。

2. 介绍悲剧。

（1）出示资料。希腊悲剧起源于祭祀酒神狄奥尼索斯的庆典活动。希腊神话是许多剧作的题材，在这些作品中最有名的是古希腊三大悲剧：埃斯库罗斯的《被缚的普罗米修斯》、索福克勒斯的《俄狄浦斯王》和欧里庇得斯的《美狄亚》，它们对后世文学产生了深远的影响。

（2）出示图片。雅典最著名的悲剧表演场所是狄俄尼索斯剧场。

3. 欣赏视频。欣赏古希腊悲剧《安提戈涅》视频片段。

4. 创编表演。组建团队，选择喜欢的希腊神话故事，创编剧本进行表演，也可以借鉴他人的剧本或表演。

· 任务四：延展阅读，丰富认识 ·

1. 主题拓展。

（1）通过前面的交流，我们已经充分感受到了希腊神话的魅力。其实，每个国家和地区都有自己的神话体系。除了中国神话、希腊神话，你还读过哪些国家的神话故事？

（2）出示梵天造人与奥丁造人的相关文本，猜一猜这是哪个国家或地区的神话故事。

（3）联系已有的阅读经验，说说这些故事和中国神话、希腊神话中同一主题内容的区别。

2. 神祇拓展。除了有相同的神话主题，世界各地的神话故事中还有一些相同的神祇。他们又是什么样的呢？出示中国、希腊、北欧、印度神话中有关月神的资料，说说自己的感受。

3. 延展阅读。推荐大家阅读世界各地的神话，特别是六大神话体系的作品：古希腊神话、古罗马神话、北欧神话、古印度神话、古埃及神话及中国神话。你阅读神话的同时，你就是在阅读世界。

> 赏 析

走进雄浑壮阔的奥林匹斯山
——吴诗清老师《希腊神话故事》整本书阅读设计赏析

闫 学

希腊神话故事是观察和认识古希腊乃至欧洲文化的窗口,在人物形象、故事结构、思想与艺术价值方面都极为丰富,是世界文化史和艺术史的重要财富,对世界文化与艺术的发展具有重要意义,在建筑、美术、文学、哲学、戏剧、影视等各个领域都构成了深远的影响。从某种意义上说,不阅读希腊神话,就不能很好地理解和认识欧洲文化乃至世界文化;反之,阅读希腊神话就好比是打开了一扇认识欧洲文化和世界文化的窗口,藉由希腊神话走向一个更为广阔、丰厚的文化和艺术世界。

关于希腊神话,现行小学语文教材选入了《普罗米修斯》(统编2019年6月版小学语文教材四年级上册"神话"主题单元第14课),讲述了普罗米修斯"盗"火的故事,展现了一个为人类造福甘于受苦、勇敢无畏、绝不屈服、敢于挑战强权的英雄形象,与本单元的中国神话相比,我们初步了解了中国神话与希腊神话的不同之处。显然,对希腊神话的了解只靠课内单篇文本的阅读是远远不够的,围绕希腊神话的整本书阅读成为必然。

在阅读希腊神话之前,我们建议学生应首先阅读中国神话,就好比从中国神话中"仙山"昆仑山走向希腊神话中神祇聚集的奥林匹斯山。这一方面是由于阅读中国神话故事是弘扬和继承中华优秀传统文化的重要途径,这也是每一个中华子孙应该建立的文化自信。另一方面是由于中国神话故事与希腊神话故事有很多不同特点：如，中国神话故事中的人物形象大都彼此没有关联，而希腊神话故事中的人物形象彼此有着复杂的关联；中国神话故事大都结构和情节相对简单，而希腊神话却有着复杂纷繁的情节和结构。因此，希腊神话的阅读明显比中国神话的阅读更有阅读坡度。在整本书阅读的实践层面，引导学生在阅读中国神话的过程中，可以把握一些神话故事的特点，掌握一定的神话阅读的方法和策略，在此基础上再来阅读希腊神话，辅助一些以希腊故事为题材的美术、戏剧、影视等作品，有助于减缓希腊神话的阅读坡度，更能深刻地感受到希腊神话对世界文化的深远影响，也能帮助学生站在中西文化的双重背景下来理解神话，提高整本书阅读的整体效果。

下面，我们以吴诗清老师《希腊神话故事》的整本书阅读设计为例，谈谈希腊神话的整本书阅读的观照点和实施策略。

· 多种维度介入，激发学生对希腊神话的兴趣 ·

由于希腊神话阅读坡度相对较大，学生独立开启阅读很容易出现畏难情绪。因此，在启读课上选择恰切的维度，删繁就简，激发学生对希腊神话的阅读兴趣至关重要。吴诗清老师引导学生发现现实生活中的神话元素：首先认识奥林匹斯山的十二主神，喊出这些神祇的名字，接着引导学生欣赏与希腊神话有关的美术、音乐、戏剧等作品，观看电影《特洛伊战争》的经典片段，又从学生相对比较熟悉的奥林匹克运动会联系希腊神话的相关信息，引导学生思考：这些希腊神话元素为什么依然出现在我们的生活中？以此来初步感受希腊神话的跨越时空的魅力。同时，聚焦希腊神话之"最"，如最美的女人、最伟大的英雄、最有名的战争等，从学生比较感兴趣的话题入手，从纷繁复杂的人物和情节中，选取有代表性的人物和情节，学生结合相关片段的阅读，可以初步感受希腊神话人物形象、情节结构等各个方面的特点，营造更强烈的阅读期待。

·多个视角比较，引导学生感受中国神话、希腊神话异同·

吴老师非常善于运用比较阅读的方法，帮助学生有更丰富、深入的阅读发现。如，从"创世神话""始祖神话""洪水神话""发明创造神话""战争神话"等五大主题，以及"太阳神""月神""火神"等各种神祇，可以发现中国神话和希腊神话的奇妙共性。在对比阅读中，发现中国神话和希腊神话中的神祇在灾难中扮演的不同角色——中国神话中的神祇扮演的是救苦救难的角色，而希腊神话中的神祇却常常是制造灾难的罪魁祸首；在对比阅读中，学生还可以发现，中国神话往往是神和人战胜了灾难，而希腊神话中人和神要争斗，还要与残酷的命运争斗，如著名的俄狄浦斯的悲剧故事；在对比阅读中，学生还会发现，中国神话和希腊神话故事在结构上具有相似性，在人物形象上也都表现得勇敢、坚强，但他们行动的出发点和目的却各不相同。这些引导学生站在更加开阔的层面，从主题内涵、人物塑造、情节结构和美学价值等多个不同视角进行比较阅读，充分发挥了比较阅读法的优势，对中国神话、希腊神话故事加深了认识和理解，也教给了学生一种非常重要的阅读策略，为后续开展自主阅读奠定了方法论基础。

·多种形式参与，提升学生对希腊神话的认识·

吴老师在创读课上鼓励学生多形式搜集希腊神话的相关作品，并开展多形式活动，引导学生积极参与，在活动中深入体会希腊神话跨越时空的魅力。如，引导学生完成神话人物谱系图，感受中国神话、希腊神话中的人物关系有何不同；欣赏与希腊神话有关的绘画、建筑、电影海报等，从更丰富的艺术形式来感受神话的魅力；创编与表演神话故事，进一步了解希腊神话的悲剧性特点，以此来感受希腊神话悲剧对欧洲乃至世界艺术创作的深远影响；通过延展阅读其他国家的神话故事片段，在学生面前打开一个更加开阔的文化视野。这些多样化的活动，都旨在调动学生积极、主动地创造性参与，展现阅读成果，深化阅读感受。

至此，对中国神话和希腊神话的整本书阅读，吴老师的阅读方案设计，帮助学生跨越了充满瑰丽想象的昆仑山和雄浑壮阔的奥林匹斯山，完成了一次令人荡气回肠而又收获满满的阅读之旅。

中国民间故事阅读课程

启读课

发现民间故事的秘密
——《民间文学里的中国·民间故事》启读课教学设计

杭州市余杭区理想实验学校　吴诗清

文本再读

作为"民间文学里的中国"系列中的一部，《民间文学里的中国·民间故事》和其他三部作品一样，均是按主题分类呈现作品。编者不但提供了多样化的民间故事文本，更是对文本进行归类，从民间故事的海洋中抽丝剥茧，发现共同点，方便读者阅读、比较，加深对民间故事的了解。

本书主要编排了如下主题："都是'三次'""神奇宝物""机智男和巧女""原来如此""寓言魔袋""奇人异事""故事里的姑娘""有滋有味听故事"。这八个主题有的关注的是故事的结构，如"都是'三次'"，提示读者这一组故事在不同的地方反复出现了"三次"；有的关注的是故事的内容，如"神奇宝物"，说明这一组故事里都有一个神奇宝物；有的关注的是故事的主人公，如"机智男和巧女"，讲述的是智慧人物故事；"有滋有味听故事"分享的则是听故事时那种美妙的感受，意在引发读者共同的体验，激发阅读民间故事的乐趣。这些主题虽然不能穷尽民间故事所有的类型、主题，但是已经起到了导引、激趣的作用。

同样的，本书每一个主题下，除选编了故事文本外，还精心安排了"小锦囊"和"智慧谷"，对主题进行相应的学理补充，并对这一主题提出阅读建议，这些阅读建议非常契合文本的主旨与学生学习的需求。

设计思路

一本书就如一个人，有其独特的个性、价值，在遵循整本书阅读教学规律的前提下，我们还要尊重这本书的独特性，充分挖掘其内在的价值。

统编小学语文教材五年级上册第三单元"快乐读书吧"的阅读主题是民间故事，《民间文学里的中国·民间故事》一书正契合了这一学习主题。鉴于五年级学生已具备一定的独立自主学习能力，如根据阅读提示自主提取、整理信息，带着问题阅读文本等，本书中"小锦囊"和"智慧谷"为学生开展自主阅读与学习活动提供了恰切的导引。学生可以在开始主题阅读之前先行阅读"小锦囊"和"智慧谷"，带着理解、带着问题去阅读，边读边圈画、标注关键信息，提高阅读的速度与深度，完成阅读之后再结合"小锦囊"的提示加深理解，根据"智慧谷"中的相关要求对阅读中搜集到的信息进行整理，对相关问题作出自己初步的回应。学生也可以在阅读完一个主题的文本之后，带着初步的感受与产生的疑问阅读"小锦囊"，对于不理解的内容再次阅读文本的相关部分，以促进理解。同时结合"智慧谷"中的阅读方法进行信息提取整理与相关问题的思考等。

本书中"小锦囊"和"智慧谷"这两部分的内容无论是用在一个主题文本的读前还是读后，其用意均在帮助学生逐步养成良好的自主阅读习惯，读后有思考等，帮助学生更好地了解文本的结构、主题，理解文本的内涵与价值。学生可根据个人的阅读习惯自主选择阅读的顺序与思考的话题。

启读目标

1. 借助目录，发现本书编排的特点，了解"小锦囊"和"智慧谷"的内容及作用。

2. 尝试借助"小锦囊"和"智慧谷"开展阅读，并解决阅读中存在的疑问，激发阅读兴趣。

3. 迁移方法，制订阅读计划，完成整本书阅读，运用多种方式记录阅读成果。

启读过程

·任务一：交流民间故事，介绍阅读书目·

1. 交流印象。相信同学们已经读过不少民间故事，请你说说你印象最深刻的民间故事的题目以及印象深刻的原因。

2. 交流认识。通过课外阅读和课内学习，你对民间故事有了哪些了解呢？

3. 提出任务。民间故事不仅故事生动，人物形象鲜明，背后还藏着许多秘密。今天我们就跟着《民间文学里的中国·民间故事》这本书去探究民间故事背后的秘密。

4. 介绍书目。

·任务二：观察目录，发现编排特点·

1. 观察目录。

（1）这本书的编排很有特点，请浏览目录，说说你发现了什么。

（2）结合学生的交流，随机指导：每一组故事的编排有什么特点？"小锦囊"和"智慧谷"都安排了什么内容？它与每一章的故事有什么关系？

2. 聚焦"小锦囊"。有同学发现"小锦囊"是对每一章故事相关内容的解释或介绍，是不是这样呢？我们聚焦第一章"都是'三次'"中的"小锦囊"部分，看看编者为我们提供了哪些信息。

3. 聚焦"智慧谷"。自读第一章"都是'三次'"中的"智慧谷"部分，说说自己的发现。

4. 小结特点。这本书每个章节的小标题都概括了这一部分故事的共同特点，"小锦囊"是对故事在内容、主题或结构等方面的说明，"智慧谷"告诉我们可以从哪些角度去阅读、思考。

·任务三：结合特点，明确阅读方法·

1. 提出任务。根据本书的编排特点，你觉得可以怎么读这本书？"小锦囊"和"智慧谷"可以怎么用？我们选择两个主题来试一试是否可行。

2. 聚集"三次"。

（1）猜测内容。第一组故事的主题是"都是'三次'"，除去《三个和尚》的故事是我们熟悉的，其他故事请你根据题目来猜猜其中的"三次"可能指什么，说给你的同伴听，再说给大家听。

（2）提出问题。围绕故事的主题和故事的题目，以及同伴的分享，你心里产生了哪些疑问？

（3）阅读锦囊。自读第 30 页的"小锦囊"，想一想你的哪些问题得到了解答。

（4）阅读故事。自读《范丹问佛》，边读边想，这个故事中有哪些三次，分别是什么。你可以用自己喜欢的方式标注，也可以借助"智慧谷"中提供的导图理一理。

（5）交流分享。在"小锦囊"和"智慧谷"的指引下进行阅读，有什么作用？

3. 聚焦"宝物"。

（1）猜测内容。猜猜这一组故事有什么相同之处。

（2）阅读故事。自选一个故事阅读，交流故事中的宝物是什么，有什么作用，最后的结局如何。

（3）提出疑问。读了这一组故事，你有什么疑问？

（4）借助"小锦囊"解疑，运用"智慧谷"中提供的表格梳理内容。

（5）交流分享。读完一个主题的故事，再读"小锦囊"和"智慧谷"有什么作用？

4. 小结读法。我们可以根据每一章的标题猜猜故事的内容，还可以猜猜这些故事有什么共同点。"小锦囊"和"智慧谷"可以在读这一章的内容之前读，带着初步了解和编者的问题去读故事，也可以在读完这一章的故事之后再读，结合自己的阅读去理解，思考编者提出的问题。

·任务四：制订计划，开展自主阅读·

1. 制订计划。

（1）你准备用多久读完这本书？怎样做到按时完成阅读？借助范例制订阅读计划表。

（2）你准备用什么方法阅读整本书？怎样留下你的阅读印迹？

（3）提出阅读建议：借助"智慧谷"中的提示，对同一类的故事进行整体的梳理比较；也可以自行设计故事地图或思维导图梳理比较。

2. 拓展阅读。在阅读本书的同时，还可以阅读更多的民间故事，对同一类型的故事进行分类记录、梳理比较。

赏读课

发掘民间故事的力量
——《民间文学里的中国·民间故事》赏读课教学设计

杭州市余杭区理想实验学校　吴诗清

设计思路

在开启《民间文学里的中国·民间故事》一书的阅读之前,学生已经通过阅读或他人的讲述了解了不少民间故事。但是这些民间故事,更多的是以孤立的、零散的形式存在于学生的脑海中,学生更多关注的是故事情节与人物形象,很少去探究文本背后所隐藏的秘密。本书的编排为发掘民间故事的秘密提供了有利的条件,因为编者以主题统整的方式选择文本,每一个主题下的文本都具有共通性,便于文本的比较与梳理。

结合统编小学语文教材五年级上册第三单元"快乐读书吧"对民间故事主题阅读的相关要求,本书的赏读课着重引导学生关注民间故事中"动人的情节"与"精彩的人物",在比较中梳理、归纳出民间故事"一般具有固定的类型和重复的段落",以及"寄托着人们朴素的愿望"的特点。人们把朴素的愿望寄托在人物形象的塑造上,还体现在故事的结局中。

除了对民间故事相关学理知识的关注外,本课的教学还要关注学生的阅读习惯、阅读态度,以及阅读策略的习得与迁移。通过对阅读计划以及阅读印迹有效落实的分享,引导更多的学生养成良好的阅读习惯,掌握开展自主阅读的方法。通过民间故事的拓展阅读,帮助学生养成带着问题和思考阅读的习惯，在阅读中迁移运用比较、归纳的阅读策略。

赏读目标

1. 通过阅读计划、阅读印迹的分享交流与评价，逐步形成良好的阅读习惯与阅读态度。

2. 通过故事地图、思维导图等的分享交流，进一步感受同一类型民间故事在情节、人物等方面的相同或相似点。在比较、归纳中了解民间故事中的人物形象，通过对人物形象的辨析，体会人物形象的对立性，初步领会故事中人物形象的塑造以及故事结局的相似性反映的是人们的美好愿望和对幸福生活的向往。

3. 拓展阅读，迁移阅读方法，进一步感受民间故事的特点与内涵，加深理解。

赏读过程

·任务一：交流评价，关注阅读过程·

1. 交流经验。

（1）在开始整本书阅读之前，大家都制订了阅读计划，哪些同学按照计划时间完成了阅读？哪些同学提前完成了全书阅读？请你分享一下按时完成甚至提前完成阅读的秘诀。

（2）绝大部分同学不仅完成了全书阅读，还留下了属于自己的阅读印迹。请独立完成的同学分享你是如何一步步完成阅读印迹的，先做什么，再做什么；请小组合作完成的同学分享小组如何分工合作的。

（3）借助阅读评价单完成自主评价。

评价内容	阅读计划	阅读印迹
评价标准	按计划或提前完成全书阅读☆☆ 完成全书阅读，但未按计划进行☆	完成阅读印迹，有记录单☆☆ 有阅读印迹，没有记录单☆

2.展示成果。每个主题的内容分别请一位同学分享自己的阅读成果，分享的形式是投屏展示阅读印迹，用一两句话说说自己的阅读发现。其他同学可以在他介绍完之后进行补充或修正。

·任务二：研读文本，认识民间故事·

1.提出任务。探秘民间，看看这些故事背后还有哪些秘密。

2.了解类型。

（1）在大量的阅读中我们发现，有些故事读起来会有一种似曾相识的感觉。快速浏览《叶限姑娘》，你想起了哪个和它有相似之处的故事？有哪些相似之处？

（2）像这样女主人公受到后母虐待，在魔法帮助下参加舞会留下某一物品，最后嫁给贵人的故事，被称为"灰姑娘型"故事。据学者考证，《叶限姑娘》是世界上最早的此类型故事。

（3）有学者研究过，世界上所有的民间故事都可以归入相应的故事类型中。有兴趣的同学可以作更深入的了解，比如找到更多"灰姑娘型"的故事阅读、比较。

（4）通过刚才的交流，我们进一步认识到，同一类故事在故事结构、情节或者人物形象上有相同或相似的地方。为什么很多民间故事具有固定的类型和重复的段落？

3.认识人物。

（1）一个好的故事少不了精彩的情节，也离不开鲜明的人物形象。那么不同民间故事中的人物是否也有共性？他们分别有什么特点？我们一起研究研究。

（2）每个小组自主选择书中的一个故事，自读完成学习单后，小组交流主要人物的形象，以"人物+特点"的形式，将大家公认的意见写在词卡上，在黑板上板贴。

故事题目	人物形象			
	主要人物1	人物特点	主要人物2	人物特点

（3）如果请你给这些人物分类，你会怎么分？全班合作将人物分为正面人物和反面人物两类。

（4）观察两类人物，说说他们分别是什么身份。

（5）小结：虽然民间故事中的人物千千万，但是我们可以根据他们的所作所为将他们分为正面人物与反面人物两类。那些生活在底层的穷苦的劳动人民一般是以正面人物为主，而担当反面人物的则是那些贪官污吏和恶霸豪强。他们往往在某个方面产生了冲突，甚至是对立，故事就在这样的冲突中展开，更加吸引人。

4.辨析写法。

（1）交流：民间故事为什么要塑造这样两类人物形象？人们是想借此来表达什么？

（2）共读《一幅壮锦》中写三仔勒惹坚持拿回壮锦经历考验的片段（P27），《渔童》中写县官和洋牧师强抢渔盆的片段（P52），说说最打动自己的地方和最让自己气愤的地方，进一步体会正面人物和反面人物形象的特点，以及人们在故事中所蕴含的情感倾向。

（3）小结：人们赞扬的就是人们喜爱的，人们批评或批判的就是人们反对或痛恨的，人们就是通过人物形象的塑造来表达自己的情感，获得内心的满足。

（4）除了通过人物形象的塑造来表达情感，人们还通过故事的哪个部分来表达自己的爱憎与向往呢？

（5）借助目录回忆故事的结局，学生交流，说说自己的发现。

（6）讨论：为什么民间故事的结局总是比较美好？

（7）小结：在民间故事里，弱小能够战胜强大，善良终会战胜邪恶，穷苦的人们相信通过自己的努力能够过上幸福的生活，故事的结局也在无声地表达着人们对勤劳、善良等美好品质的赞美，对美好生活的追求与向往。

·任务三：拓展阅读，丰富阅读体认·

1. 激发兴趣。今天我们共读的《民间文学里的中国·民间故事》一书就像一扇窗，让我们看到了看似简单朴素的民间故事背后隐藏的秘密。但是，光读这本书是远远不够的，民间故事的宝库里还有更多的珍宝等着我们去发掘。

2. 推荐书目。推荐以下两本书：《西湖民间故事》(浙江摄影出版社2000年版)、《田螺姑娘》(人民教育出版社2019年版)。

3. 明确方法。

（1）通过今天的交流，你觉得在接下来的阅读中怎样做可以使阅读更深入？

（2）在阅读时，我们可以想一想哪些故事的类型和我们读过的故事是类似的，找一找其中的相同点；还可以想一想这些故事中的人物和结局，有没有我们今天所讨论的这些特点。当我们带着问题、带着思考去阅读，阅读会更深入。

创读课

生发民间故事的传承
——《民间文学里的中国·民间故事》创读课教学设计

杭州市余杭区理想实验学校　吴诗清

设计思路

本课的设计在前期阅读、探讨的基础上，从两个方面进行考虑，即民间故事的传承与学生阅读素养的提升。

由于生活环境的改变，民间故事失去了原有的传承对象与空间，文化生活的丰富性与多样性也降低了人们对于民间故事的需求性。如何让更多的人了解民间故事、喜欢民间故事进而传承民间故事，是我们需要思考的问题。民间故事只有活在人们的口头与心间，才有生长的力量。鉴于此，我们设计了"民间故事我传承"主题活动，从故事的"输入"与"输出"两方面展开。收集、记录与整理是对民间故事的继承，是"输入"；推荐、讲述、研究、创编是对民间故事的弘扬，是"输出"。

与此同时，我们也很清楚地意识到，对阅读材料的理解并不是阅读的唯一目的，更重要的是在阅读的过程中帮助学生学会阅读，提升阅读素养，这其中就包括学生的阅读兴趣、阅读态度、阅读习惯、阅读方法等。因此，在整本书阅读的指导中，我们不但要关注阅读的阶段性成果，还要对学生阅读的过程性成果进行评价，开展阅读反思，指导学生迁移运用阅读方法，开展持续性的阅读。

> 创读目标

　　1. 围绕"民间故事我传承"主题活动，多形式进行活动成果汇报，进一步体会民间故事的魅力，喜欢民间故事，乐于参与民间故事的传承活动。

　　2. 借助阅读评价单与阅读反思单对整本书阅读的全过程进行评价，总结阅读经验。

　　3. 制订延伸阅读计划，继续阅读中外民间故事，在比较、归纳中继续丰富对民间故事的认识。

> 创读过程

·任务一：定制成果，感受故事魅力·

　　1. 创设情境。为了让更多的人了解民间故事，喜欢民间故事，学校的小剧场开展以"民间故事我传承"为主题的活动，邀请同学们以不同的形式传承民间故事。

　　2. 明确任务。自读活动项目清单，针对活动内容、活动评价标准以及活动成果的形式提出自己不明白或有疑义的问题进行交流。

　　"民间故事我传承"活动自选平台如下：

序号	活动名称	活动内容	活动评价		活动成果
1	故事我收集	阅读民间故事，根据自己设定的故事分类，收集相应的故事整理成册	阅读	1. 阅读两本或两本以上 ☆☆☆ 2. 阅读一本 ☆	故事集
			整理	1. 设定三个分类，分别收集不少于两个故事 ☆☆☆　收集一个故事 ☆☆ 2. 设定两个分类，分别收集不少于两个故事 ☆☆　收集一个故事 ☆ 3. 只有一个分类，只收集一个故事 ☆	

续 表

序号	活动名称	活动内容	活动评价		活动成果
2	故事我记录	采访他人，记录他人讲述的民间故事并整理成文字稿	采访	1. 采访两人或两人以上☆☆☆ 2. 采访一人☆	故事文字稿
			整理	1. 符合原意，语言通顺，内容连贯☆☆☆ 2. 以上三点能做到两点☆☆ 3. 以上三点能做到一点☆	
3	故事我讲述	结合课文学习，选择一个民间故事进行创造性讲述	形式	1. 创造性复述故事☆☆ 2. 详细复述故事☆	故事分享会
			表达	1. 内容完整，前后连贯☆☆ 2. 内容较完整，前后较连贯☆	
				1. 声音响亮，态度自然大方☆☆ 2. 声音不够响亮或态度较拘谨☆	
4	故事我推荐	推荐一个（类）民间故事或一本关于民间故事的书籍，说明推荐的理由	内容	1. 有两个或两个以上推荐理由，理由说清楚☆☆☆ 2. 有一个推荐理由，理由说清楚☆☆ 3. 有一个推荐理由，表达不够清楚☆	故事推荐会
			表达	1. 声音响亮，态度自然大方☆☆ 2. 声音不够响亮或态度较拘谨☆	
5	故事我研究	研究一个（类）民间故事，了解故事情节、人物、主题等，完成研究小报告	内容	1. 从至少两个角度开展研究☆☆ 2. 从一个角度开展研究☆	研究小报告
				1. 内容有条理，表达清楚☆☆ 2. 内容没有条理或表达不清楚☆	
			书写	1. 书写端正，页面整洁☆☆ 2. 书写不够端正或页面不够整洁☆	
6	故事我创编	续写、改编或创编民间故事，以文字的形式记录下来	内容	1. 能够创编故事☆☆ 2. 能够续写或改编故事☆	新编故事集
				1. 内容完整，前后连贯☆☆ 2. 内容不够完整或前后不够连贯☆	
			表达	1. 语句通顺，表达清楚☆☆ 2. 语句不够通顺或表达不清楚☆	

续表

序号	活动名称	活动内容	活动评价		活动成果
7	故事我表演	欣赏由民间故事改编的戏曲，选择其中的一段进行表演	欣赏	1. 主动欣赏不少于一部戏曲作品，并选择其中的片段反复观看☆☆ 2. 有欣赏戏曲作品的意愿，但不能坚持☆	戏曲小舞台
			表演	1. 主动参与表演，表演较生动☆☆☆ 2. 能参与表演☆☆	

3. 汇报形式。根据不同的成果形式采用不同的方式进行汇报展示。

（1）"故事我收集""故事我记录""故事我创编"：阅读活动成果课前在班级指定区域进行展示，师生依据评价标准进行评价。

（2）"故事我讲述""故事我推荐""故事我研究""故事我表演"：相关阅读活动成果录制成视频，课前以线上的形式进行展示，师生、家长等依据评价标准进行评价。

4. 制订计划。

（1）以个人或小组合作的形式，从自选平台上选择一至两项任务。

（2）围绕活动内容，明确分工，制订活动计划。

·任务二：评价反思，总结阅读经验·

1. 开展评价。结合阅读活动全过程，从阅读兴趣、阅读态度、阅读习惯、阅读方法等方面，选择一位同学进行评价。

2. 反思交流。

（1）回顾整本书阅读与交流的全过程，完成阅读反思单。

整本书阅读与交流中，我做得最好的是_____；我还可以改进与提高的是_____。我准备这样做：_____。

（2）四人小组交流阅读反思，组员认真聆听，推荐一位同学全班发言。

（3）说说通过他人的分享，自己又获得了哪些阅读经验。

·任务三：延伸阅读，丰富阅读体会·

1. 总结策略。

（1）在阅读经验的交流与分享中，很多同学对"对比"这一阅读策略印象很深。我们来总结一下，阅读民间故事，我们可以从哪些方面进行比一比？学生交流。

（2）小结：我们可以对不同故事的情节、人物、主题等进行比较，发现它们的相同点与不同点。

2. 方法延伸。

（1）其实不仅中国的民间故事可以比，世界上所有国家和地区的民间故事都可以拿来比。如果我们要继续阅读其他国家或地区的民间故事，你觉得可以比什么？举个例子说一说。

（2）阅读日本民间故事《桃太郎》，说说想到了中国哪个民间故事，两者在哪些方面有相同之处。

（3）小结：用比一比的方法进行阅读，你会有更多有趣的发现。

3. 阅读延伸。

（1）出示一组外国民间故事人物，说说哪些是自己熟悉的，哪些是不熟悉的，猜猜会有怎样的故事。

（2）推荐欧洲、非洲与亚洲民间故事作品集各一本，学生说说自己愿意读哪一本，为什么。

（3）制订阅读计划，包括阅读整本书的时间安排，以及比较的角度与比较的方法。

赏析

走进乡土中国
——吴诗清老师《民间文学里的中国·民间故事》整本书阅读设计赏析

闫 学

一直以来,民间故事似乎都主要游走在"民间",在儿童阅读领域,民间故事也始终都不是"主角",对民间故事的阅读没有引起足够的重视,相关阅读经验也相对较少。因此,吴诗清老师关于《民间文学里的中国·民间故事》的整本书阅读教学设计,不但从内容、方法和策略上呈现了阅读民间故事的基本框架和路径,也帮助我们比较深刻地认识到今天阅读民间故事的意义和价值。其实,孩子们对民间故事并不陌生——哪一个孩子没听说过"牛郎织女",哪一个孩子不知道"小红帽"和"灰姑娘"?无论阅读教学领域是否重视,这些民间故事都已经成为孩子们认识世界、感受文化、丰富体验、开启思维和想象的重要媒介。而那些闪耀着中华文化色彩、氤氲着中华文化气息的中国民间故事,与欧洲民间故事、阿拉伯民间故事和非洲民间故事等共同构成了世界民间故事的宝库,成为世界文化的一部分,也成为人类历史和文明发展进程的宝贵财富。从民间故事的"民间"特性来看,今天我们带领中国孩子阅读中国民间故事,就是回到了我们的话语之乡,回到了中华民族精神的源头,从这个意义上来说,就是带领孩子们走进了乡土中国。

吴诗清老师围绕《民间文学里的中国·民间故事》这本书的阅读设计,包括了启读课、赏读课和创读课三个环节,从内容、结构、方法、策略和文化传承等不同方面，带领学生发现民间故事的秘妙，调动学生对民间故事的阅读兴趣，并在这个过程中感受民间故事的力量与现实意义。具体主要表现在以下几个方面。

·聚焦"精彩的人物"·

民间故事中的人物形象出自"民间"，在千百年来的民间口口相传中，这些人物形象个性愈加鲜明，他们的所作所为和命运结局都打上了人民群众的情感烙印，因此，关注民间故事中的人物形象，体会人物形象背后表达的情感，是阅读中国民间故事的重要内容。吴老师引导学生关注民间故事中的人物形象，探究人物的共性和个性，并尝试将不同故事中的人物进行分类。学生发现中国民间故事中的人物形象虽然数量众多，但根据他们的所作所为可以大概划分为两类——正面人物和反面人物。吴老师引导学生结合这些人物的身份继续思考，学生又有了新的发现：生活在底层的穷苦的劳动人民一般是以正面人物为主，而担当反面人物的则是那些贪官污吏和恶霸豪强，故事在他们的对立冲突中展开，其形象塑造、故事结局都爱憎分明，真实反映了底层人民朴素的情感，因而更加动人。因此，在阅读指导中聚焦人物形象，不但可以充分感受民间故事的魅力，也可以深刻认识到民间故事千百年来长盛不衰、广为传颂的根源所在。

·关注"美好的结局"·

当学生领略了中国民间故事中人物形象的特点，就不难推测这些人物形象的大致命运和故事结局。吴老师引导学生研究、归纳这些故事的结局，发现结局都很美好。于是，吴老师引导学生深入讨论："为什么民间故事的结局总是比较美好？"这个问题非常关键，如果没有关注或不能理解这个问题，就无法理解民间故事的"民间"特性。学生在讨论中逐渐认识到，这些美好的结局里蕴含着强烈的"民意"，人们坚信"善有善报，恶有恶报"，弱小能够战胜强大，善良终会战胜邪恶，幸福的生活可以通过勤奋不懈的努力获得，人们对美好生活的追求和向往，对勤劳、善良等美好品质的赞美与传颂，都蕴藏在这些美好的结局中。对这一问题的洞察，可以帮助学生深刻领悟民间故事强大的生命力所在，也能感受到民间故事中涌动的澎湃的热情和根植在人们心中的希望，这也许是中华民族生生不息、百折不挠的精神源头。

·梳理"动人的情节"·

在漫长的时间长河中，民间故事的流传逐渐形成了自己的规律和定式。引导学生发现民间故事的情节发展和结构规律，不但可以进一步激发学生对阅读民间故事的兴趣，感受民间故事的魅力，也能在更深的层面上理解民间故事的文化内涵和蕴藏的精神力量，同时也为学生后续自主创编故事奠定了方法论基础。吴老师引导学生聚焦"都是'三次'""神奇宝物"和"故事里的姑娘"这几个故事板块，结合书中的"小锦囊"和"智慧谷"进行研究，学生对民间故事的创编规律和情节发展有了初步认识：民间故事中的"三段式"结构呈现让故事层层推进，一波三折，引人入胜，也加深了印象和记忆；民间故事的正面人物手中往往都有一个神奇宝物，这个宝物可以逢凶化吉，极为灵验，一旦落到反面人物手中，则立即变成"废物"，而且还会带来灾难，成为"不祥之物"；民间故事里的姑娘们也都似曾相识，她们出身相似，命运多舛，但结局美好，好比是一个个流落民间的灰姑娘，这就是"灰姑娘型"民间故事……这些对情节、结构的梳理与提炼，增强了学生对民间故事的阅读趣味，提升了审美鉴赏水平，是一种高阶阅读能力的训练。

·融汇"生长的力量"·

中国民间故事是中华民族历史文化的宝贵财富，传承与弘扬民间故事中的民族精神、品格与希望，是今天我们阅读中国民间故事的重要意义，但这一目标不能通过生硬的说教来达成。因此，吴老师在创读课上与学生共同设计、实施了"民间故事我传承"系列活动，包括"故事我收集""故事我记录""故事我讲述""故事我推荐""故事我研究""故事我创编""故事我表演"等，引导学生以个人或小组合作的形式，从中选择一至两项活动任务来展现自己的阅读成果（成果形式可以多种多样，展示空间包含了线上与线下），并提出了相应的评价标准。这些丰富多样、形式活泼的创读活动，都指向一个目标：引导学生积极主动地参与活动和进行成果展示，进一步感受中国民间故事的魅力，喜爱阅读民间故事，领悟民间故事中的文化内涵和民族精神。这些都汇聚成强大的生命力，成为学生成长中的巨大能量。

· 习得"可迁移的阅读策略" ·

吴老师的阅读课非常注重阅读策略的习得与迁移，以帮助学生养成良好的阅读习惯，掌握开展自主阅读的方法。她结合民间故事的共性和书本身的编排特点，引导学生运用比较、归纳的阅读策略，在比较开阔的视野中，理解民间故事中的人物形象、情节结构、故事结局，并在拓展阅读中迁移阅读方法，进一步丰富和加深对民间故事的特点与内涵的感悟。对阅读策略和阅读方法的习得，以及阅读习惯的培养，都是整本书阅读的重要指导内容，也是提升学生阅读能力不可或缺的一环。纵览吴老师的阅读设计，不论是启读课、赏读课还是创读课，都有对阅读策略和阅读方法的指导，这种对"方法"和"策略"的重视非常可贵。其实，不论是民间故事的整本书阅读，还是其他题材类别的整本书阅读，对阅读方法和阅读策略的指导、运用和迁移都应该成为整本书阅读的重要组成部分。也只有这样，学生的自主阅读能力、思维能力和审美鉴赏水平才会得到较大的提升。

外国民间故事阅读课程

启读课

开启非洲民间故事
——《老人的智慧：非洲民间故事精选》启读课教学设计

杭州市余杭区理想实验学校　吴诗清

文本再读

《老人的智慧：非洲民间故事精选》一书是人民教育出版社出版的"快乐读书吧·名著阅读课程化丛书"中的一部，对应的是统编教材五年级上册第三单元"快乐读书吧"的内容。

与中国民间故事主要以人为故事主角的特点相比，非洲民间故事以动物为主角的故事占了很大的比例，如狮子、乌龟、鳄鱼、豺狼等，本书的第一部分就以专题的形式讲述了内容丰富的动物故事。在这些故事中，"人与动物同思想，共生活，甚至彼此通婚，生下孩子"。之所以在非洲民间故事中大量出现动物故事，这与非洲的地理环境密切相关，动物成了非洲民间故事的非洲元素。当然，类似的非洲元素在非洲民间故事中比比皆是，包括动物、植物、气候、信仰等，这些非洲元素正是非洲民间故事独有的，是它区别于其他民间故事的标志。

除了这些显性的非洲元素可以在阅读中比较轻易地发现，还有一些隐性元素需要在文本的对比中发现。比如，世界各地的民间故事都少不了女性形象，那么非洲的女性与其他国家或地区的女性有什么不同吗？虽然本书所选的文本中以女性为主角的故事篇幅不多，但我们还是可以感受到非洲女性的与众不同之处。如《最早的离婚》中坚强、智慧、独立的妻子，《牛角的故事》中挑唆丈夫的妻子，与中国民间故事中勤劳、善良、温顺的女性形象，以及欧洲民间故事中后母、继女、公主的形象是不同的。

在故事结构上，非洲民间故事大量地出现了"三段式"结构，如《乌龟的故事》《报恩》等；在内容主题上，解释型故事如《动物的尾巴》《鳄鱼的眼泪》，教育型故事如《蜘蛛的故事》《狮子的故事》等占比较大。这一类故事往往在故事的结局对事物的某个习性或某种习俗等进行解释，或者直接点出故事所要阐述的道理。由此我们也应当看到，虽然非洲民间故事有其特有的地域特色，但是其本质特点与世界其他地方的民间故事是相同的。

设计思路

在开启本书的阅读之前，学生已经阅读了大量的中国民间故事，对于中国民间故事的特点有所了解，并掌握了一定的阅读策略。本书的阅读可以中非民间故事异同点的比较为主线，关联欧洲民间故事，在比较中了解非洲民间故事在内容、主题、人物、类型等方面的特点，发现民间故事的共性以及不同国家或地区之间的差异性，激发学生阅读更多民间故事的兴趣，迁移阅读方法，进行延伸阅读，逐步形成与发展学生的阅读能力。

学习伊始，为充分调动学生的阅读兴趣，我们可以猜一猜的形式，让学生对中非民间故事的异同点产生探究的欲望，并以此作为本书阅读的研究对象，贯穿阅读与学习的始终。通过对目录的观察，学生可以初步发现非洲民间故事在内容上的一些特点。在此基础上，通过两组故事的初步阅读，进一步发现故事中的非洲元素，对非洲民间故事形成初步的认知。最后，学生带着发现与思考，制订阅读计划，从不同角度完成阅读发现卡，记录自己的阅读发现，为后续的交流讨论作好准备。

对于整本书阅读，除了引导学生关注文本内容、主题、结构、人物等，首先要努力做到的就是尽可能让每一个学生完成整本书的阅读，并在阅读的过程中有所思考、有所发现，实现阅读增量，并逐步形成良好的阅读习惯、阅读态度，掌握良好的阅读方法。因此，在教学中，要通过营造阅读氛围、分解阅读任务、建立阅读小组等方式，提升阅读的效果。

赏读目标

1. 通过从不同角度对中非民间故事的异同点进行猜测，激发学生阅读非洲民间故事的兴趣。

2. 通过目录梳理与故事阅读，发现非洲民间故事中的非洲元素，感受民间故事的地域特性，激发学生的探究欲。

3. 运用阅读发现卡记录阅读发现，制订阅读计划，有效分解阅读任务，争取按时完成全书阅读，培养良好的阅读习惯。

赏读过程

·任务一：说印象，猜异同·

1. 分享已知。读了中国民间故事，你对民间故事有了哪些了解？

2. 交流印象。用几个词说说非洲留给你的印象。

3. 猜测异同。猜一猜，非洲民间故事和中国民间故事会有哪些相同点，哪些不同点？从故事主题、故事内容、故事类型、人物形象等方面选择一个角度把猜测写下来，读完并进行印证。

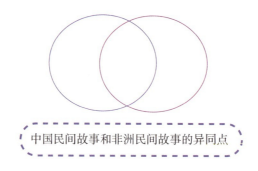

中国民间故事和非洲民间故事的异同点

·任务二：比目录，找元素·

1. 比较目录。

（1）简介《老人的智慧：非洲民间故事精选》一书后观察目录，说说非洲民间故事在内容上有什么特点。

（2）和《民间文学里的中国·民间故事》一书的目录进行比较，找找中非民间故事的异同。

2. 观看视频。为什么非洲民间故事里有那么多的动物？播放视频，了解非洲的地理环境与动物资源。

3. 发现非洲元素。

（1）我们发现，原来每一个国家或地区的民间故事中都有着独特的信息，读故事的同时，就是在读当地的地理、历史、心理、习俗等。选择一组故事，边读边标注自己发现的非洲元素。

第一组：《野兔的故事》（P40—48）

第二组：《国王的魔鼓》和《乌龟和他的漂亮女儿》（P126—136）

（2）交流自己的发现，教师根据学生的发现进行归类，比如：植物、动物、气候、观念、身份、食物、习俗等。

（3）补充两段文字，猜猜这是哪个国家或地区的民间故事，说说为什么。

（4）小结：民间故事不只是在讲述一个故事，更是承载了本民族的文化。在阅读世界民间故事时，要特别留意能够体现当地特色的元素。比如，非洲民间故事里的动物形象分别有什么特点？与其他地区的同一动物相比有什么异同？

·任务三：选角度，订计划·

1. 选择关注角度。

（1）刚才我们找到了非洲民间故事中不同方面的非洲元素，这是非洲民间故事独有的特点。那它和中国民间故事之间还有哪些异同点呢？大家可以边阅读边发现边记录，完成阅读发现卡一。

	相同点	不同点
中国民间故事		
非洲民间故事		

（2）出示《民间文学里的中国·民间故事》一书的目录，通过阅读我们知道中国民间故事可以根据故事人物、主题与结构等分为不同的类型，你可以像编者一样，选择一个角度给《老人的智慧：非洲民间故事精选》这本书中的故事归归类，完成阅读发现卡二。

分类主题	故事题目	分类依据

（3）根据自己的兴趣，读完后选择一张发现卡，完成内容的填写。

2. 制订阅读计划。

（1）这本书一共有 260 千字，如果我们以每分钟 300 字的速度阅读，以每天阅读 60 分钟计算，需要 15 天可以读完。想一想，你怎样保证每天 1 小时的阅读时间？用好"三后"时间：起床后、午饭后、作业后。

（2）除此之外，你还有什么好办法保证自己按时完成阅读任务？可以建立阅读小组，互相督促。

（3）结合自己的阅读速度与时间安排，制订阅读计划，努力做到按计划读完全书并完成阅读发现卡。

赏读课

揭秘世界民间故事
——《老人的智慧：非洲民间故事精选》赏读课教学设计

杭州市余杭区理想实验学校　吴诗清

设计思路

通过启读课的交流，学生充分感受到了非洲民间故事中的非洲元素，即鲜明的地域特点。借助阅读发现卡，学生带着问题在课后开展自主阅读，努力去寻求中非民间故事的异同点。本课的学习在此基础上展开，通过中、非、欧三地民间故事在人物形象、人物身份以及故事结局的比较，增强学生对非洲民间故事的理解。

为使比较能够有效展开，首先要对不同的材料进行归纳，发现其共性或规律性特点。教学中，可通过回读文本提炼非洲民间故事的女性形象，通过提供的信息，发现欧洲民间故事中女性的身份，再将之与中国民间故事中的女性形象进行比较，求同存异，感受不同国家或地区民间故事中人物形象的个性。

如果说对人物形象的辨析更多的是求异，那么对于故事结局的归纳则是指向求同：既发现非洲民间故事本身在结局上的共同点，又发现其与其他民间故事在结局上的共通性。通过聚焦四组故事的结局，学生很快可以归纳出相关的特点。

民间故事的秘密是无尽的，课堂上不可能全部揭示，需要学生迁移方法，在课外阅读中自主发现。在尊重学生探究兴趣的基础上，可提供相应的探究内容供学生选择研究。如，动物是学生感兴趣的对象，可以围绕动物的形象、动物与人的关系等不同角度设计探究卡。这些探究卡有助于学生深入探究文本，激发阅读兴趣，养成边阅读边思考的阅读习惯。

赏读目标

1. 通过交流阅读发现，引导学生进一步感受中非民间故事的异同点，鼓励学生大胆表达。

2. 通过中、非、欧三地民间故事人物形象、人物身份与故事结局的比较，增强对非洲民间故事的理解，深入感受民间故事的特点，提升思辨能力。

3. 围绕阅读探究卡进行深度阅读，带着问题回读故事，养成良好的阅读习惯。

赏读过程

·任务一：交流阅读发现·

1. 分享计划。说说自己如何做到按计划完成阅读的。

2. 发现异同。

（1）四人小组围绕阅读发现卡一，选择一个点交流异同。

（2）全班交流，归纳中非民间故事的异同点。

3. 故事归类。

（1）说说自己是从哪个主题进行故事归类的。

（2）同一主题的同学进行交流，补充、调整。

（3）全班交流，汇报。

（4）重点关注"三段式"故事，说说哪些故事具有"三段式"的特点，分别体现在哪些地方。

（5）小结：民间故事往往具有重复的情节，为的是方便记忆与讲述。

·任务二：探究阅读发现·

1. 提出任务。通过大家的阅读与交流，我们发现中非民间故事在故事内容、故事主题、人物形象、故事结构方面有很多相同点，也有不同点。接下来我们聚焦人物形象与故事主题，看看究竟有哪些异同。

2. 探究人物。

（1）女性形象在世界各地的民间故事里都占有一席之地，她们分别有着怎样的形象呢？

（2）出示《民间文学里的中国·民间故事》目录中"故事里的姑娘"相关内容，联系这些故事，以及读过的其他中国民间故事，想一想，中国民间故事里的女性形象可以用哪些词语来概括。

（3）全班交流后归纳概括关键词，如勤劳、善良、勇敢、智慧等。

（4）非洲民间故事里同样塑造了许多女性形象，她们又有哪些特点呢？从下面三个内容中选择一个快速回读：《最早的离婚》《鼓手与鳄鱼》《桑巴·加纳》，关注其中的女性形象。

（5）全班交流后归纳概括关键词，如坚强、独立等。

（6）虽然中非民间故事中的女性形象略有不同，但是她们还是有共同之处的。想一想，刚才我们提到的这些故事中的女性，分别是什么身份？

（7）通过梳理，我们发现中非民间故事中的女性大部分来自普通人家，那世界上其他国家和地区的女性身份是否如此呢？出示《聪明的牧羊人：欧洲民间故事精选》一书的部分故事题目及其中的女性身份，说说自己的发现。

《火炉里的罗西娜》——罗西娜（继女）《长金角的小牛》——小姐姐（继女）

《三头井》——乔安娜（继女、公主）《林中睡美人》——睡美人（公主）

《十二只野天鹅》——小公主　《灰姑娘》——灰姑娘（继女）

（8）小结：在欧洲民间故事中，很多女性身份集中为继女或公主，故事中的人物往往没有名字，故事也没有确切的时间和地点，这是民间故事的一个特点。世界各地民间故事中有哪些人物形象？他们又分别有怎样的特点？我们一起去发现，去了解吧。

3.探究主题。

（1）在阅读中国民间故事时，我们发现故事的结局往往有相似性。那么，非洲民间故事的结局又有什么特点呢？

（2）从下列四组故事中选择一组，归纳故事结局的特点，然后进行交流。

第一组：《动物的尾巴》（P4）、《鳄鱼的眼泪》（P6）、《乌龟的故事之大象、河马与乌龟》（P64）

第二组：《蜘蛛的故事之蜘蛛与驼峰人》（P15）、《狮子的故事之狮子国王与神树》（P19）、《报恩》（P85）

第三组：《豺狼的故事之豺狼与羊》（P24）、《自作自受的马拉布》（P113）、《国王的魔鼓》（P134）

第四组：《狮子的故事之狮子与伐木人》（P21）、《渔夫与水精灵诸诸》（P108）、《乌龟和他的漂亮女儿》（P137）

（3）小结：通过归纳交流我们发现，非洲民间故事的结局有这样几个种类：解释一个现象的来历，告诉听众一个道理，表达"善有善报，恶有恶报"的朴素思想。通过故事的结局，我们就可以把握故事的主题。

（4）看来中非民间故事的结局有不少的共同点。世界其他民间故事的结局是否也有这些特点呢？大家可以阅读更多的世界民间故事，在阅读中思考，读后归纳发现。

·任务三：自主阅读发现·

1.学习小结。关于非洲民间故事，我们从不同的角度进行了探究。现在，对于非洲民间故事，你有了哪些了解？

2.提出问题。关于非洲民间故事，你还想知道什么？你准备用什么方法来解决你的问题?

3.制订方案。根据自己的问题及解决策略,制订阅读方案。可以参考以下内容,选择其中的一个进行探究。

(1)阅读探究卡一:非洲民间故事中出现的动物主要有哪几种?它们分别有什么特点?哪些和中国民间故事中的特点相近?可以通过导图或表格等方式呈现。

动物名称	动物特点	
	非洲民间故事	中国民间故事
我的发现		

(2)阅读探究卡二:中非民间故事中的动物与人分别是怎样的关系?阅读故事,各举一个例子说明。

	人和动物的关系	相关事例
非洲民间故事		
中国民间故事		
我的思考		

(3)阅读探究卡三:每个国家或地区的民间故事中都有坏人,非洲民间故事和中国民间故事的反面形象分别是由谁扮演的?他们有什么特点?如果有不同,想想为什么。

	反面角色	角色特点
非洲民间故事		
中国民间故事		
我的思考		

创读课

传唱世界民间故事
——《老人的智慧：非洲民间故事精选》创读课教学设计

杭州市余杭区理想实验学校　吴诗清

设计思路

《老人的智慧：非洲民间故事精选》一书可以帮助读者一探非洲民间故事的奥妙，但是它所能揭示的内涵是有限的，对于非洲民间故事的了解仅读这本书，或仅停留在几节课的学习与交流上是远远不够的。因此，本课的学习，是对之前所进行的阅读与交流的深化与延伸，重在展示学生的阅读成果，鼓励学生进行创意表达，激发学生探究的欲望，在更深层面激起学生的阅读兴趣。

为了达成上述的目标，本课的学习将阅读成果展示、创意表达与阅读激趣有机融合。在学生交流、讨论探究成果，对中非民间故事中的动物形象有了进一步了解之后，可引入欧洲民间故事中有关动物的相关内容，通过对《聪明的牧羊人：欧洲民间故事精选》这一读本动物主题目录的观察，初步了解欧洲民间故事中的动物主角，产生疑问，鼓励学生课后开展自主阅读，迁移方法进行自主探究。

基于非洲民间故事注重教化的特点，以"送"故事、"唱"故事的方式传承非洲民间故事。前者结合生活中的现象，选择合适的故事讲给对方听，以达到教育、帮助他人的目的；后者旨在让学生感受非洲的异域风情，感受民间故事传唱的快乐。"编"故事既指向民间故事的讲述，同时也将欧洲民间故事引入，以期引起学生的兴趣，开展自主阅读。抓住故事特点猜测故事情节，在讲述的同时深入了文本的内核，发现了文本的特质，提升了学生的创意表达能力。

为了激发学生的阅读兴趣，除上述方法外，还可以对学生熟知的同一故事的不同版本进行比较。在对民间故事阅读策略梳理的基础上，鼓励学生带着好奇、带着问题、带着方法进行延伸阅读。

赏读目标

1. 通过阅读探究卡的分享、观察与归纳，进一步探究中非民间故事中的异同，乐于与他人交流阅读发现。
2. 通过"送""唱""编"等形式传承民间故事，在多形式的活动中进一步感受民间故事的魅力，增强语文实践能力。
3. 通过同一故事不同文本情节的比较，激发学生阅读其他民间故事的兴趣，迁移方法，进行延伸阅读。

赏读过程

·任务一：民间故事我探究·

1. 交流发现。

（1）四人小组交流阅读探究卡：轮流观看阅读探究卡，对他人的阅读发现进行补充，或提出自己的问题。

（2）全班交流探究卡：每一类探究卡由一位同学进行主汇报，其他同学进行补充。

（3）观察三类探究卡，说说自己的发现。

（4）小结发现：非洲民间故事中的动物以鳄鱼、蜘蛛、乌龟等为主，人和动物同思想、共生活，人可以和动物结婚，人会与动物、精灵等斗；中国民间故事中的动物以鸟儿、牛马、鱼儿等为主，这些动物常常是人类的帮手，人更多的是与人、妖魔等斗。

2. 故事预测。

（1）猜一猜哪些动物会是欧洲民间故事的主角？说说理由。

（2）出示《聪明的牧羊人：欧洲民间故事精选》中以动物为主题的目录，观察，说说自己的发现。

（3）欧洲民间故事中，狐狸、猫、山羊等常常是故事的主角，它们有什么特点？这些等着你在阅读中发现。

·任务二：民间故事我传承·

1. "送"故事。

（1）民间故事不仅具有娱乐功能，还具有教育功能。在前面的交流中，我们已经发现，非洲民间故事往往会在故事的结局揭示所讲的道理，或把道理蕴含在故事中。如果请你把这些故事送给身边的人，你想把哪个故事送给谁？为什么？

（2）连一连，说理由。

《狮子的故事之狮子国王与神树》　　茗茗看见什么好东西都想要
《鸟儿的故事之知更鸟》　　　　　　茗茗随意破坏公园里的植被
《自作自受的马拉布》　　　　　　　茗茗作为班干部总是为自己考虑

2. "唱"故事。

（1）猜一猜，非洲民间故事是用什么方式讲述的？

（2）观看视频，了解非洲民间故事传唱的方式。

（3）交流：这样的传唱方式给你一种什么感觉？

（4）四人小组合作，自由选择一个故事的一段，一个人领唱，其他人伴唱，以手拍桌子当作击鼓。

3. "编"故事

（1）在前面的交流中，我们知道中非很多故事都是"三段式"结构的，掌握了这个编故事的秘诀，我们也可以来编故事了。

（2）借助提示猜情节。

提示一：魔牛带着它的主人少年逃难，飞过一座铜森林，少年摘了一朵铜花，为此魔牛和一只狼搏斗。根据"三段式"的结构特点猜一猜，接下来少年会做什么，魔牛需要做什么？

提示二：一位父亲的三个儿子根据国王的命令造水陆两用船，好娶国王的女儿，只有三儿子成功了。在前往王宫的路上，他收服了三个巨人：一个能喝，一个会吃，一个力大。猜一猜，接下来会发生什么事？

（3）这两个故事的题目分别是《魔牛和它的主人》《水陆两用船》，均选自《聪明的牧羊人：欧洲民间故事精选》一书。在这本书中，你会读到大量的"三段式"故事，你可以根据这个特点边读边预测故事情节，让阅读更有趣味。

（4）除了"三段式"的结构，在很多故事中还有前后对比式结构，读到了前半部分，我们就可以猜到后面的内容了，因为两者往往是相反的。根据提示猜一猜。

有位寡妇，偏爱大女儿，总让小女儿干活。有一天，小女儿在汲水时，很用心地给一位仙女水喝，从此她一说话嘴里就会吐出一朵花儿或是一块宝石。母亲知道后，让大女儿去汲水……

（5）这个故事题目是《仙女》，同样选自《聪明的牧羊人：欧洲民间故事精选》一书。发现了故事结构的秘密，我们不但能讲好故事，还能创编属于我们的民间故事。

·任务三：民间故事我热爱·

1. 质疑激趣。

（1）在《聪明的牧羊人：欧洲民间故事精选》一书中，你不但会读到很多"三段式""对比式"的故事，还会读到许多熟悉又陌生的故事。比如《睡美人》的故事，你知道的睡美人的故事是怎样的吗？

（2）书中为我们讲述的《睡美人》的故事是怎样的呢？出示故事简介，比一比，说说不同点。

国王和王后生了一个女儿，邀请了七位仙女参加宴会。有一位老仙女没有被邀请，于是对公主下了咒，说她将被纺锤刺破手而死掉，幸好一位仙女保证公主只是沉睡一百年，之后会有一位王子让她苏醒。后来，公主果然因此而沉睡了。一百年后，有一位王子进入城堡救醒了公主，和她秘密结婚，生了两个孩子。后来，王子把公主和孩子接回了王宫。在王子离开王宫后，母后几次要把公主和孩子吃了，幸好都被人救下了。后来，王子回来了，他们得救了，母后死了。

（3）像这样熟悉又陌生的故事还有不少，如《十二只野天鹅》。更多的秘密等着我们在阅读中发现。

2. 延伸阅读。

（1）通过本书的阅读与学习，你又掌握了哪些阅读方法？哪些方法用在民间故事的阅读中你觉得很有效？先交流，然后完成表格的填写。

	具体内容	阅读成效
阅读方法一		我用第（　　）种方法阅读民间故事，它让我_____。
阅读方法二		

（2）我们还会在欧洲不同的国家或地区的民间故事中读到什么？又会有怎样的发现？你读得越多，发现得越多。你可以试着用阅读中非民间故事的方法去开启你的世界民间故事阅读之旅。

（3）除了阅读世界民间故事，有兴趣的同学还可以读读研究民间故事的书，这样，你的阅读就更高级了。

赏 析

走进非洲大地
——吴诗清老师《老人的智慧：非洲民间故事精选》整本书阅读设计赏析

闫 学

要了解一个民族的历史、文化和精神气质，阅读关于这个民族的民间故事一定是一个重要渠道。正如在吴诗清老师的带领下，学生通过阅读《民间文学里的中国·民间故事》这本书，一起走进乡土中国，加深了对中国文化的理解，也更加深刻地领悟了中华民族百折不挠、勤劳智慧、乐观豁达的精神气质。在阅读了中国民间故事之后，吴老师又带领学生走进了广袤的非洲大地，通过阅读《老人的智慧：非洲民间故事精选》这本书，与孩子一起感受独特的非洲文化和非洲人民的精神气质。

吴老师的阅读教学设计依然沿用了中国民间故事整本书阅读的课程链，按照启读、赏读和创读的指导过程展开，三种课型皆目标明确，重点突出：启读课着眼于激发学生阅读非洲民间故事的兴趣，引导学生发现非洲民间故事中的非洲元素，感受民间故事的地域特性，激发学生的探究欲；赏读课主要是通过中、非、欧三地民间故事人物形象、人物身份与故事结局的比较，帮助学生增强对民间故事的理解，深入感受民间故事的特点，提升思辨能力；创读课重点是通过"送""唱""编"等多种形式的活动，进一步感受民间故事的魅力，增强语文实践能力。

围绕上述目标，吴老师的阅读设计主要从以下几个方面进行了深入开掘，给我们带来很大的启发。

·对非洲民间故事中独特的非洲元素的提炼·

民间故事有其"民间"特性，在千百年来的民间口口相传中，逐渐打上了地域和民俗文化烙印，形成特有的故事元素。那么，非洲民间故事有什么特有的元素呢？吴老师在启读课上引导学生对非洲民间故事中的非洲元素进行了发掘，学生发现动物成了非洲民间故事的主角，人和动物似乎不存在族类的界限，可以共思想、共生活，可以结婚并养育后代。这是与中国民间故事中的动物形象完全不同的。那么，造成这种现象的原因究竟是什么呢？吴老师播放了展现非洲自然环境的视频，帮助学生了解非洲特有的地理环境与丰富的动物资源，从而进一步明白，每一个国家或地区的民间故事中都有着独特的信息，我们在阅读民间故事的同时，就是在阅读当地的地理、历史和民俗文化，以及当地民族心理、性格等形成的根源。在此基础上，学生联系读过的中国民间故事，就能更加深刻地认识到民间故事的特质，以及民间故事不可替代的价值和魅力，激发学生对阅读民间故事的兴趣。

·对非洲民间故事中女性形象的关注·

对民间故事的深入赏读，不能面面俱到，必须根据民间故事的特点，借助一个合适的视角，选择一个恰切的维度切入。吴老师在启读课上引导学生从故事中的动物视角出发，调动了学生的阅读兴趣，初步了解了非洲民间故事的地域特点，在赏读课上则选择了从故事中的女性视角来展开。毋庸置疑，女性形象在世界各地的民间故事里都占有重要地位：中国民间故事中的"织女""田螺姑娘"，欧洲民间故事中的"灰姑娘""睡美人"，都是世界各地民间故事中闪耀着光彩的人物形象，同样，非洲民间故事中也有不少女性形象。因此，女性视角别出心裁，饶有趣味，又串起了对不同地域民间故事的深度探究路径。学生通过对非洲民间故事中女性形象的探究，联系前面阅读的中国民间故事中的女性形象，结合教师推荐阅读的欧洲民间故事中的一系列女性形象，发现不同地域的女性形象是不同的：从性格和精神气质上来看，中国民间故事中的女性形象大都是勤劳、善良、勇敢、富有智慧的，而非洲民间故事中的女性形象是比较坚强、独立的；从身份上来看，中非民间故事中的女性大部分出自普通人家，而欧洲民间故事中的女性却另有来处——要么是某个国家的公主，要么是饱受欺凌的继女，而且她们大都没有具体的名字，也没有确切的生活地点。这种对不同地域民间故事中女性形象的探究，从一个崭新的视角带领学生深度赏读了民间故事，又站在非常开阔的层面上对民间故事有了更加深刻的理解，也为后续学生阅读欧洲民间故事奠定了基础。同时，这样的主题式阅读研究培养了学生的批判性思维能力，也提升了学生的审美鉴赏水平。

·对非洲民间故事中动物形象的探究·

学生在启读课上已经发现，由于非洲大陆特有的地理环境，各种各样的动物成为民间故事的主角。但吴老师的阅读设计还不局限于此，她引导学生从更加丰富的维度去关注民间故事中的动物。学生在探究中发现：非洲民间故事中的动物以鳄鱼、蜘蛛、乌龟等为主，人和动物可以交流思想，甚至结婚生子，人会与动物、精灵等缠斗；中国民间故事中的动物以鸟、牛马、鱼等为主，它们常常是人类的帮手，人更多的是与坏人和妖魔缠斗；而欧洲民间故事中，狐狸、猫、山羊等常常是故事的主角。众所周知，儿童对动物的兴趣非常浓厚，我们很难遇到不喜欢动物的儿童，这是由儿童心理发展和情感需求特点所决定的。这样的主题阅读探究，打破了中、非、欧不同地域民间故事的界限，打通了深入探究不同地域民间故事的路径，激励学生在阅读中发现民间故事的秘密，创造性地发表自己独特的见解。同时，将整本书阅读变成了主题式、项目化的群书阅读，提升了学生的高阶阅读能力。

·比较的策略将阅读置于无限开阔的场域中·

在文艺批评的实践层面，"比较"是一种重要的方法，可以帮助我们从宏观和微观的视角展开更加丰富、立体的探究。在吴老师的阅读设计中，与指导学生阅读中国民间故事一样，"比较"依然是一个重要的阅读策略。除了中、非、欧女性人物形象和动物形象的比较，还有中、非、欧民间故事结局的比较。同时，引导学生根据自己的问题及解决策略，制订阅读方案，选择一个视角进行探究。如，中非民间故事中的动物分别有哪些种类和特点，中非民间故事中的动物与人分别是怎样的关系，中非民间故事中的反面形象分别有什么特点，等等。学生围绕这些话题，比较中非民间故事的异同，探究这种异同背后的信息，尝试得出自己的结论。在聚焦故事结局的比较时，引导学生提炼出中非民间故事的基本结构规律：中非民间故事都有"因果报应型"结局，用以表达"善有善报，恶有恶报"的情感倾向，而非洲民间故事还有大量"解释型"结局和"说教型"结局，前者用来解释一个现象的来历，后者用来告诉听众一个道理；在对故事结构的比较中，学生发现中、非、欧民间故事都有大量"三段式""对比式"和"相似型"故事，这让我们的阅读更有趣味，创编更有思路。这种对故事结局和结构规律的探究、提炼非常重要，不仅丰富了学生的阅读方法和阅读策略，也启迪了学生的思维，为今后阅读其他书奠定了方法论基础。

经典现代诗阅读课程

启读课

轻叩诗歌的大门
——《繁星·春水》启读课教学设计

杭州市余杭区杜甫小学　陆智强

启读目标

1. 通过回顾四年级下册第三单元的学习，初步了解现代诗的特点，梳理阅读现代诗的方法。

2. 聚焦《繁星·春水》，通过比较阅读、资料的补充了解创作背景、文学影响，激发学生阅读整本书的兴趣。

启读过程

·任务一：回忆所学，交流现代诗印象·

1. 小组合作，配乐朗读。

（1）出示《短诗三首》《绿》《白桦》《在天晴了的时候》，引导学生任意选择一首诗进行配乐朗读，其他同学点评。

（2）交流现代诗的印象。出示古诗和散文，引导学生比较阅读，结合"交流平台"初步归纳现代诗在表达方式上共同的特点。

2. 梳理阅读现代诗的方法。

（1）思考：在学习现代诗时，运用了哪些方法？随机指名学生交流。

（2）教师小结：运用多种形式朗读，抓关键词想象画面，结合生活经验等。

·任务二：聚焦《繁星·春水》，激发阅读之趣·

1.了解创作背景，感受影响之大。

过渡：在一个寒冷的冬夜，有一个女孩和弟弟围着火炉读泰戈尔的《飞鸟集》，弟弟对姐姐说："你不是常说有时思想太零碎了，不容易写成篇段吗？其实也可以用诗的方式写下来。"于是姐姐把零碎的思想收集起来，发表以后顿时流行起来。

（1）猜疑：这位女孩是谁？零碎的思想收集之后形成了哪一本著作？预设：冰心和她的《繁星·春水》。

（2）播放微课，引导学生初步了解《繁星·春水》的相关信息。

（3）借助资料，进一步感受《繁星·春水》的影响力。

材料一：《繁星·春水》一发表，就成为学习白话文的范本，课堂之外，读者之间不但读小诗，甚至一度出现仿写小诗的风潮。如一位叫鱼常的读者专门按照"冰心体"小诗的风格写了一首自己的《春水》发表在1924年6月9日出版的《文学》上。[①]

材料二：从二十世纪二十年代开始，冰心的一些诗歌就被选入教科书。例如，1933年上海世界书局朱剑芒编写的教材中，分别在第一、二、四等册，选入了冰心的多首小诗。[②]

2.进行比较阅读，发现相似之处。

（1）出示泰戈尔《飞鸟集》诗篇，随机指名学生朗读。

[①] 韩卫娟、王玉茹：从冰心的《繁星》《春水》看20世纪20年代的小诗创作与影响，《名家名作》，2023年第10期，第70页。

[②] 同上。

繁星（一三一）

大海啊！
哪一颗星没有光？
哪一朵花没有香？
哪一次我的思潮里
没有你波涛的清响？

飞鸟集（一二二）

亲爱的朋友呀，
当我听着海涛时，
好几次在暮色深沉的黄昏里，
在这个海岸上，
感到你的伟大思想的沉默了。

繁星（一五九）

母亲啊！
天上的风雨来了，
鸟儿躲到它的巢里；
心中的风雨来了，
我只躲到你的怀里。

飞鸟集（一二二）

雨点吻着大地，
微语道：
"我们是你的思家的孩子，
母亲，
现在从天上回到你这里来了。"

（2）思考：读完之后，有何发现？随机指名学生交流。

（3）教师小结：冰心曾在《繁星》自序中写道："因看着泰戈尔的《飞鸟集》而仿用他的形式，来收集我零碎的思想。"可见，冰心深受泰戈尔的启发,将自己平日里积攒下来的小诗汇集到一起,整理出了《繁星·春水》。

3.品读诗句,探寻书名由来。

(1)思考:冰心为什么以"繁星""春水"作为诗集的名字?

(2)出示《繁星·四九》《春水·一八二》,引导学生从她的小诗中品味书名的深意。预设:作者以"繁星""春水"命名诗集,这是对小诗风格和特点的形象的比拟。"繁星"代表零星的思想,"春水"代表着这一湾清静的流水在不经意间自然流入读者的心田。

繁星·四九

零碎的诗句,
是学海中的一点浪花罢;
然而它们是光明闪烁的,
繁星般嵌在心灵的天空里。

春水·一八二

别了!
春水,
感谢你一春潺潺的细流,
带去我许多意绪。
向你挥手了,
缓缓地流到人间罢。
我要坐在泉源边,
静听回响。

·任务三:制订阅读计划,叩开阅读之门·

1.制订阅读计划,让《繁星·春水》整本书阅读有序。

(1)教师出示多份有创意的阅读计划范例,引导学生了解一份完整的阅读计划所需包含的要素。

（2）出示整本书目录，学生尝试绘制阅读计划，教师巡视指导。

2.出示阅读要求：一边阅读，一边圈画深深打动你的诗句，之后将这些诗句进行归类摘抄，试着发现其中的秘密。

> 赏读课

采撷深邃的小花
——《繁星·春水》赏读课教学设计

杭州市余杭区杜甫小学　陆智强

> 赏读目标

1. 以"小花"为载体，通过诗歌的归类研读，发现母爱、自然、童真是《繁星·春水》的三大主题，这三大主题构筑了冰心的思想内核——爱的哲学。

2. 根据学习需要，运用借助资料、想象画面、情景朗读、抓关键词等方法体会诗歌所表达的感情。

> 赏读过程

· 任务一：交流展示，畅谈阶段性阅读收获 ·

1. 学生展示已经摘录的诗句，并阐述归类的原因。自由交流阅读收获，从多角度发现诗歌隐藏的秘密。

2. 出示《繁星·一零二》《春水·一八》《春水·一七六》《春水·一三六》等诗篇。先引导学生自由朗读，并交流这组诗有何共同点。预设：诗中都有"小花"意象。

·任务二：聚焦小花，探寻"爱的哲学"·

过渡：冰心曾这样评说自己对于"小"的理解："在平凡的小小的事物上。我仍宝贵着自己的一方园地。我要栽下平凡的小小的花。给平凡的小小的人看！"在《繁星·春水》中冰心无数次以"小花"为意象，并赋予小花以深邃的内涵。

1. 聚焦《繁星·一零二》，赞美崇高的母爱。

小小的花，

也想抬起头来，

感受春光的爱——

然而深厚的恩慈，

反使她终于沉默。

母亲呵！

你是那春光么？

（1）教师配乐朗读，学生将自己想象成一朵小花，并思考："小小的花""春光"分别象征着什么？两者有何联系？

预设：冰心将"小小的花"比作孩童，将"春光"比作母亲。小小的花，如果没有春光的呵护，又怎能茁壮成长？作为孩童，我们就是那一朵朵小花，若是没有母亲的关爱，孩童又能如何健康快乐地成长？作者借助花儿和春光这两者之间的关系，让读者感受到母爱的崇高与伟大。

（2）采用师生合作读、男女生对读、配乐读等多种形式的朗读，让学生有更深的情感体验与情感共鸣。

（3）如果用一个词来形容这朵小花，你又会用哪一个词呢？学生自由交流。

（4）以一篇带动多篇赏读：《繁星·春水》中还有哪些诗篇也让你感受到了母爱的伟大？请同学找出来读一读。如《繁星·三三》《繁星·一二零》《春水·九七》等。

2. 聚焦《春水·一七六》，呼唤世间的仁爱。

> 战场上的小花呵！
> 赞美你最深的爱！
> 冒险的开在枪林弹雨中，
> 慰藉了新骨。

（1）结合《春水·一七零》和相关资料，引导学生探究诗人赋予小花有何新的意蕴。预设："从枪林弹雨"一词可看出当时的社会动荡不安，一片混战；而"小花"却将生死置之度外，勇敢地奔赴战场，默默地陪伴在牺牲战士的身旁。这朵善良的小花在慰藉死者的同时，也在强烈地呼唤和平，表达对战争的痛恨。

冰心出生于军人家庭，其父谢葆璋年轻时是"来远"舰上的枪炮二副，曾参加过中日甲午海战。作为被击沉的"来远"舰上的一名幸存者，他对甲午海战的惨烈和战败的结局有着深入骨髓的痛。冰心一生中曾写作过一系列反映军人生活特别是普通士兵生活的作品，也写过一系列反对军阀混战的作品。冰心对那些为了一己私利而制造战争，蛊惑人们相互残杀的封建军阀，充满了憎恨的感情；而对那些在混战之中受到伤害和遭遇痛苦的军人，则是充满了善意的同情。

（2）如果用一句话来表达对小花的敬意，你会如何致敬？学生创作交流。

·任务三：以小见大，沐浴"爱的哲学"·

过渡：小花虽小，却很博大。她常常用"小"来称谓大自然中的事物。冰心对大自然充满了敬意与深厚的爱，她有一双善于发现世间美的眼睛，哪怕是对微小的个体都充满礼赞。

1. 聚焦小的事物，触摸童心。
（1）引导学生快速翻阅《繁星·春水》，圈出诗中小的事物。

(2)交流反馈,相机出示一部分内容,学生自由朗读。

第一行:小磐石、小茅棚、小麻雀、小松树、小蜘蛛、小虫儿

第二行:小孩子、小弟弟、小妹妹

第三行:小小的灵魂、小小的鸟、小小的命运、小小的果儿、小小的水边

第四行:极小的刺果、微小的人类、弱小的我、细小的泥沙

(3)思考:冰心为何在创作时运用了诸多的"小"?学生自由交流,教师相机补充:一方面,让事物更具有生命力,充满蓬勃的朝气;另一方面,更能感受到冰心有一颗谦卑且纯真的童心,她始终以儿童的视角看待万物,看待世界。

2.教师小结。冰心以清新优美的文笔歌颂母爱的无私,钟情自然的博大,永葆童心的纯真,字里行间无不流露出她对真善美的追寻,正如巴金所言:"一代代的青年读到冰心的书,懂得了爱:爱星星、爱大海、爱祖国,爱一切美好的事物。"

创读课

表达诗意的美好
——《繁星·春水》创读课教学设计

杭州市余杭区杜甫小学　陆智强

创读目标

1. 创设诗歌推荐会、诗集博览会、诗歌朗诵会等多种阅读成果展示活动，积累整本书阅读经验。
2. 小组合作完成项目任务，借助评价量表，实现朗读能力、口语交际能力、文学创作能力等多种能力的培养与提升。

创读过程

情境创设：在过去的一段时间里，同学们品读了《繁星·春水》，一首首玲珑剔透的诗歌像一颗颗繁星照亮我们的心间，如潺潺的春水滋润我们的心田。接下来，班级即将举行一系列诗歌主题活动，请同学们根据自己的喜好选择一个任务，并组成四人学习小分队，合作完成任务。期待你们的精彩表现！

· 任务一：欣赏美好——诗歌推荐会 ·

1. 任务描述：想一想《繁星·春水》中哪些诗篇给你留下了深刻的印

象,你最想和同学分享哪些诗篇。小组展开讨论,尝试从"音韵美""画面美""情感美"等不同的角度阐述推荐理由。在推荐时,还可以设计富有创意的形式,吸引更多同学的目光。

2.评价量表:

评价维度	评价内容	评价等级(最高5级)
表达能力	能从不同维度阐述推荐的理由,言之有理。	
创意能力	推荐形式富有创意。	
合作能力	小组成员能人人参与。	
评价者		
合理建议		
最终等级		

·任务二:收集美好——诗集博览会·

1.任务描述:请小组成员思考诗集编排的内容,可以是收集的诗,还可以是与诗有关的故事和资料;再想一想怎么编排,可以从内容、形式等角度给诗歌分类,还可以配上插图;还需要考虑诗集的样式,可以是纸质或是电子版的,还可以设计成扇形、心形等富有创意的样子;最后,给诗集取一个好听的名字,制作好封面与目录,若是纸质的还需要进行装订。

2.评价量表:

评价维度	评价内容	评价等级(最高5级)
诗集内容	内容丰富,能进行分类编排。	
诗集样式	样式富有创意,吸引人。	
诗集版面	有诗集的名字、封面、目录等内容。	
评价者		
合理建议		
最终等级		

任务三：诵读美好——诗歌朗诵会

1.任务描述：小组进行讨论，选择哪几首诗歌进行朗诵，采用怎样的形式才能让本组的展示更加精彩。在朗读时，要用恰当的语气读出诗歌表达的情感，表情、手势要自然，还可以选取合适的配乐，增强表现力。在组织活动的过程中，遇到困难可以请教相应学科的老师。

具体所承担的任务	负责人	完成时间
朗读指导		
朗读形式的策划（独诵、对诵、合诵）		
活动的组织、协调		
道具、场景的布置		

2.评价量表：

评价维度	评价内容	评价等级（最高5级）
朗读力	读得正确、流利；能用恰当的语气、语调读出诗歌的情感。	
表现力	表情、手势自然，配乐选取恰当。	
合作力	小组全员参与展示，表现形式富有创意。	
评价者		
合理建议		
最终等级		

任务四：创造美好——作品交流会

任务描述：生活中处处有诗意，冰心奶奶十分热爱生活，在她的笔下，江河湖泊、花鸟虫鱼都是她赞美的对象。儿童就是天生的诗人，请同学们试着当个"小诗人",仿照《繁星·春水》的样式,发挥想象,写一写身边的事物,把自己的感受表达出来,如果能写出诗的节奏感那就更好了!写的时候要注意分行,写完后和同学交流。

评价量表:

评价维度	评价内容	评价等级(最高5级)
文学力	视角独特,情感真挚;形式自由,语言富有节奏感。	
想象力	有大胆、合理的想象。	
书写力	书写工整、整洁,无错别字,写的时候进行分行。	
评价者		
合理建议		
最终等级		

赏 析

如繁星，又如春水
——陆智强老师《繁星·春水》整本书阅读设计赏析

闫　学

《义务教育语文课程标准（2022年版）》颁布之后，整本书阅读作为拓展型学习任务群的一种类型，成为一线教师尤其是语文教育工作者高度关注的研究主题。但一直以来，关于诗歌的整本书阅读鲜有较为成熟的案例，在《义务教育语文课程标准（2022年版）》颁布前后皆是如此。以唐诗、宋词为代表的古典诗词，经过千百年来广大读者与诗歌评论家的传诵与研究，已经拥有丰硕的研究成果，但在语文教材和各类面向中小学生的读物中，皆以经典选文的形式出现，不能构成围绕诗歌的"整本书阅读"，而部分古典诗歌的选本，不是过于庞杂宏大，就是流于片面零散，也不适合做面向中小学生的"整本书阅读"。在现代诗歌方面，要寻找适合中小学生的"整本书"也并非易事，这与现代诗的作者、时代、主题、题材、结构形式等各种复杂因素有关，而现代诗"整本书"的缺失，自然也就影响了教育实践层面现代诗"整本书阅读"的推动和研究。

除此之外，关于诗歌（尤其是现代诗）的整本书阅读成果不够丰硕，据笔者调查研究发现还有一个主要原因，那就是诗歌的整本书阅读对教师的审美能力、文学鉴赏水平和教学设计能力提出了很高的要求。由于诗歌本身的特性，尤其是经典诗歌蕴含着丰富的经典元素，对这些作品的品读构成了多维立体的空间层面，也给读者构成了极大的挑战；而对于承担着引导学生进行诗歌的整本书阅读任务的教师来说，除了需要具备较高的文学鉴赏水平，还需要将文本解读的成果转化为教学资源，并匹配恰切的阅读指导策略，以达成整本书阅读的目标。因此，对于诗歌的整本书阅读，我们迫切需要在实践层面多一些研究和探索，陆智强老师围绕现代诗集《繁星·春水》进行的整本书阅读方案设计，就非常具有研究和讨论的价值。

《繁星·春水》是冰心先生的诗歌代表作，也是新文学运动中极具代表性的经典作品。诗集收录的300多首小诗，创作于1919年至1922年，歌颂了母爱、童真和大自然，诗风清丽，情感真挚，意境深远，富有哲思，是冰心先生"爱的哲学"创作思想的生动体现。那么，如何引导学生进行《繁星·春水》的整本书阅读，陆智强老师给我们提供了一个完整的阅读指导课程链，我们可以从以下几个方面得到启迪。

·从故事到作品，让心底的诗情荡漾·

根据本年段学生已有的阅读背景，学生对图画书、童话、神话、科普类作品的阅读具有相对较为丰富的经验，对以唐诗、宋词为代表的古典诗词也有一定的积累，但对现代诗的阅读经验相对不足。那么，如何激发学生阅读现代诗的兴趣，是诗歌整本书阅读的难点之一，尤其是冰心先生的这些小诗，创作年代离学生较为久远，表达方式也与以往学生读过的童诗、童谣有所不同，陆老师的启读课将重点聚焦到初步了解现代诗的特点，激发阅读现代诗的兴趣两个方面，揭开了阅读现代诗整本书的序幕。在具体教学策略上又有所侧重：通过回顾本单元教材中的现代诗，帮助学生梳理、重温了现代诗的特点，在知识层面为《繁星·春水》的整本书阅读奠定了基础；通过姐弟在冬夜围炉共读泰戈尔诗集的故事，在温馨的场景再现中引出了《繁星·春水》创作的背景，也给这本书打上了温暖和爱的底色，为学生后续理解冰心先生"爱的哲学"埋下了情感基础；而有了这样的故事作为铺垫，再引导学生将《繁星·春水》中的作品与泰戈尔《飞鸟集》中的作品进行比较阅读，从创作主题和结构形式上反映了经典作品之间以及作家之间的联系和传承，这些都是学生在具体的资料和作品阅读中发现的，这就让阅读变成了发现创作奥秘、丰富创作故事的有趣之旅。至此，学生的心底轻轻荡起了诗情的涟漪，恰如一枚小小的石子，又如一片彩色的落叶，打破了那一泓春水的宁静，繁星点点，波光漾漾，所谓阅读兴趣、阅读期待，就这样不知不觉中盈满了学生的心田。

·从小意象到大主题，让爱的哲思飞扬·

冰心先生的《繁星·春水》有很高的艺术成就，其主题内容、结构形式、意象表达都独树一帜，令人如沐春风，这些都蕴含着丰富的经典元素。同时，诗集中表达的"爱的哲学"，涵盖了三大主题：母爱、童真和大自然，而这三大主题同时又是文学创作的三大母题。陆老师抓住这三大主题引导学生进入深度赏读阶段，但对三大主题的赏读，对经典元素的品鉴，不能毫无头绪、泛泛而论，必须寻找到一个恰切的切入口。陆老师提出了"小花"这一意象，从这朵"小花"去探寻"爱的哲学"，帮助学生领悟冰心先生赋予"小花"的深邃内涵：对母爱、童真与自然万物的热情颂赞，正是从"小花"这样的种种"小小的"意象中表达出来的。小磐石、小茅棚、小麻雀、小松树、小蜘蛛、小虫儿、小弟弟、小妹妹、小小的鸟……有的歌颂醇厚的母爱，有的呼唤博大的仁爱，有的咏叹澄澈的童心，可谓以小见大，哲思悠远，令人回味无穷。陆老师"以小见大"的赏读策略，精准面向《繁星·春水》整本书的三大主题，引导学生品评鉴赏了冰心创作的艺术手法，这也是对本书经典元素的鉴赏和品评。为帮助学生进一步深刻感悟这一经典元素，陆老师提出了一个高阶问题："冰心为何在创作时运用了诸多的'小'？"学生借助对作品的品读、资料的补充、作家的自序和创作背景，勾连、整合这些信息，提出自己的见解。这个问题并没有统一、固定的答案，而是藉由这个问题将学生的思维引向更加开阔的远方。至此，赏读课变成了真正的高阶阅读课。

·从品读到创造，让诗意的源泉涌动·

对《繁星·春水》的品读告一段落之后，就进入到了创读阶段。所谓创读，就是引导学生调动多种感官，积极参与到阅读感受的表达和阅读成果的展示中，其形式是丰富多样的，学生能够使用的工具、资源也都是不拘形式的，而学生表达的阅读感受、展示的阅读成果，要在一定的评价机制下进行，以保证和激励学生发挥最大的创造性和主动性。

陆老师的创读课设计，引导学生围绕多种任务展开，激活了学生心中诗意的源泉：诗歌推荐会、诗集博览会、诗歌朗诵会、诗歌交流会等，学生自由选择某一项任务，分组合作完成。这些任务分别指向不同的目标：诗歌推荐会是引导学生从"音韵美""画面美""情感美"等不同的角度来阐释自己的感受，是对经典作品审美、品鉴的过程；诗歌博览会是引导学生将诗集中的作品和有关资料进行重组，编排新的"整本书"；诗歌朗诵会是引导学生针对诗歌这类作品的特点，选择自己喜欢的诗歌进行诵读；诗歌交流会是引导学生抒发心中的诗意，自由创作属于自己的"繁星""春水"。每一项任务的评价机制都有不同的维度和评价标准，并要求评价者提出"合理建议"，这一点向学生传达出重要的评价理念：不仅要注重评价结果，也同样应该注重过程，并为后续的提升提供改进的方向。

愿这样的阅读课多一些，如繁星，照亮孩子的心灵；如春水，滋润孩子的心田。

童诗童谣阅读课程

启读课

打开童谣的"七彩窗"
——《读读童谣和儿歌》《叶圣陶写给孩子的诗：小小的船》启读课教学设计

杭州市余杭区未来科技城海曙小学　王艳霞

启读目标

1. 初步了解童谣的几种类型，喜欢阅读儿歌、童谣类书籍。
2. 掌握打节奏读、唱读、表演读等多种趣读方式，感受儿歌、童谣的韵味和趣味。
3. 初步学会如何阅读一本书以及怎样制订阅读计划，能够有毅力地坚持阅读，并乐于和同伴分享、交流阅读感受。

启读准备

《读读童谣和儿歌》第1—4册（曹文轩、陈先云主编）、童谣诵读范例视频、学习单。

> 启读过程

·任务一：趣味导入：打开七彩窗·

1. 魔法游戏，听童谣。

（1）启动游戏：课件出示红、橙、黄、绿、青、蓝、紫7种颜色的7扇窗子，依次分别请7名学生选择打开哪一种颜色的窗子，全体学生念起魔法咒语："（　　）色窗，变——变——变！"

（2）欣赏童谣：7种颜色的7扇窗子分别对应一首童谣，根据学生的选择打开窗子便出现童谣诵读视频，学生可以跟着视频诵读。

红色窗子——《小老鼠，上灯台》（诵读方式：拍手打节奏，加表情读）
橙色窗子——《数蛤蟆》　　　（诵读方式：数字手势、动作读）
黄色窗子——《狗和猴》　　　（诵读方式：两人合作表演读）
绿色窗子——《高高山上一条藤》（诵读方式：叉腰摇头晃脑读）
青色窗子——《外婆桥》　　　（诵读方式：歌唱读）
蓝色窗子——《小云骑牛去打油》（诵读方式：动作读、加表情读）
紫色窗子——《画凤凰》　　　（诵读方式：打小快板读）

2. 选择"最爱"，识童谣。

像这种又能读又能唱的儿歌就叫作童谣。这7个童谣视频，你想把"最喜欢"这颗小星星（课件出示"小星星"）送给谁呢？

教师相机指导：童谣里有可爱的小动物、有意思的故事，还有游戏歌、数字歌、绕口令等有趣的形式。读童谣的时候，我们可以拍手读、摇头晃脑读、歌唱读、打小快板读、和小伙伴或者大人合作读。

·任务二："触摸"封面目录，打开整本书·

1. 认识《读读童谣和儿歌》第1册封面。

（1）诵读诗配画《狗和猴》。

指名用自己喜欢的方式诵读，全班集体诵读。

（2）出示《读读童谣和儿歌》第1册封面，你发现了什么？

让学生自由说自己对于封面的发现。

2.认识《读读童谣和儿歌》第2册封面。

（1）左右两边分别出示《读读童谣和儿歌》第1、2册封面，你又发现了什么？

让学生自由说说自己对于这两本书的封面相同点和不同点的发现。

（2）《读读童谣和儿歌》第2册封面上的插图，也代表一首外国的童谣呢，想不想读？

欣赏视频俄罗斯新年歌曲演唱版《假如没有冬天》，然后课件出示文字版《假如没有冬天》，师生合作配乐诵读。

（3）认识《读读童谣和儿歌》第3册封面和目录。

①观察封面插图，思考预测：这首童谣可能会讲一个什么样的故事？

②阅读第3册童谣目录，寻找封面插图的"配诗"，说说自己的理由。

③出示童谣《红橘》，学生个别诵读，集体诵读。同桌讨论：为什么这只红橘这么大，比老师还大呢？

指名反馈，相机指导：这么大的红橘是想象出来的，代表着学生对老师满满的敬爱。

（4）认识《读读童谣和儿歌》第4册封面和目录。

①阅读童谣目录，快速寻找封面插图的"配诗"。

②出示童谣《小猫养鱼》，集体诵读。思考讨论：你喜欢小猫的这种养鱼方式吗？你有什么好建议？学生自由表达，教师进行正确价值观的引导。

（5）整体认识《读读童谣和儿歌》第1—4册封面。

课件出示第1—4册封面，教师小结提示：封面上的插图，可能是作者、编者最喜欢的童谣插图，小朋友也可以把自己最喜欢的童谣插图画在封面上。我们阅读这4册书的时候，可以按照顺序一册一册地读，喜欢的童谣全部读完后，可回过去选择自己感兴趣或特别喜欢的童谣再跳读，甚至把它背下来。

·任务三：发现书本特点，制订阅读计划·

1.学生跟着老师翻书：读读几则"阅读指导"。

这本书在每一主题单元前为小读者们呈现了"阅读指导"，我们可以清晰地知道这一组童谣是什么主题，我们可以怎么读。

比如："爬灯台的小老鼠，吹牛皮的大蝈蝈，桥上碰头的狗和猴，山中快活的小松鼠……让我们读读童谣，和可爱的它们做朋友吧！"这些童谣属于什么主题呢？（预设：可爱的动物朋友。）

再比如："雨儿下，风儿吹，鱼儿游，鸟儿飞，四季花开惹人醉。在你的眼中，大自然是不是有许多新奇有趣的事物？能和大家说一说吗？"你们猜出来这一辑主要是什么主题的儿歌了吗？对啦，就是关于大自然的主题。读完这些童谣后，我们还可以和大家交流分享大自然其他一些新奇有趣的事物哦。

2.完成、分享阅读单。

（1）下发"趣读童谣"阅读单，以"和可爱的动物们做朋友"阅读主题为例，和同桌讨论填写"我能坚持读、我这样读、我的分享展示"。

（2）同桌展示分享阅读单，教师相机指导学生合理制订阅读计划：根据童谣的长短，可以一天诵读一首，也可以一天诵读几首。

我的阅读主题	我的阅读篇目	我能坚持	我这样读						我的分享展示				我收获的"红黄蓝"徽章☆☆☆ 正确（红）；好听（黄）；好玩（蓝）		
			独立读	和大人一起读	表演	快板	唱读	配画	其他				自己评	同伴评	大人评
和可爱的动物们做朋友	《小老鼠》	月　日													
	《小松鼠》	月　日													
	《搬鸡蛋》	月　日													

续 表

我的阅读主题	我的阅读篇目	我能坚持	我这样读		我的分享展示					我收获的"红黄蓝"徽章 ☆☆☆ 正确（红）；好听（黄）；好玩（蓝）		
			独立读	和大人一起读	表演	快板	唱读	配画	其他	自己评	同伴评	大人评
和可爱的动物们做朋友	《高高山上一头牛》	月　日										
	《羊》	月　日										
	《数蛤蟆》	月　日										
	《没有腿》	月　日										
	《狗和猴》	月　日										
	《一对蝈蝈吹牛皮》	月　日										

· 任务四：明确评价规则，获得阅读续航力 ·

1.诵读每一首童谣的评价规则。

（1）"红黄蓝"徽章自我介绍：读得正确，获得红色窗子徽章；读得好听，获得黄色窗子徽章；读得好玩，获得蓝色窗子徽章。

（2）共读一首童谣，习得评价方法：共读《颠倒歌》，自己评，同伴评，大人（老师）评。

2.诵读每一个主题童谣的评价规则。

（1）出示"趣读童谣"的阅读地图（见下页图）。

（2）激励学生坚持阅读。

我们的阅读旅程一共有121首童谣，13个主题。每一个主题读完，我们将举行一个徽章授予仪式，通关的小朋友，可以获得一枚"彩虹窗子徽章"，贴在自己的阅读地图上。

小朋友们有信心吗？

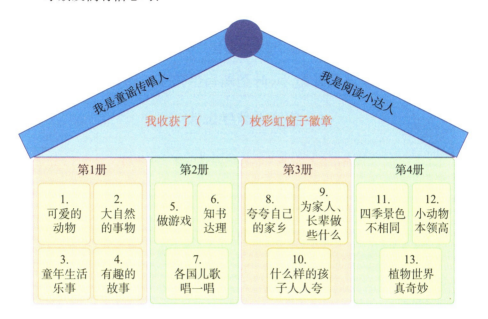

赏读课

摇着月亮船的诗游
——《读读童谣和儿歌》《叶圣陶写给孩子的诗：小小的船》赏读课教学设计

杭州市余杭区未来科技城海曙小学　王艳霞

赏读目标

1. 诵读整本书中的比喻诗、问答诗、故事诗等，初步了解儿童诗的特点，对诵读儿童诗有兴趣。
2. 通过朗读、想象、比较、创作等方式，感受儿童诗的节奏美、意境美，体味诗歌中丰富的想象力。
3. 尝试用儿童诗的形式，大胆想象，自由创作，尽情地表达自我的情感。

赏读准备

整本书《叶圣陶写给孩子的诗：小小的船》、《小小的船》演唱视频等。

> **赏读过程**

·任务一：品味经典，走进童诗花园·

1. 出示书中插画，看到这幅图画，小朋友的脑海里会想起哪一首现代小诗？预设：《小小的船》。
2. 出示小学语文课本中的《小小的船》，学生一起诵读。
3. 出示《小小的船》演唱视频，学生欣赏跟唱。
4. 简要介绍叶圣陶爷爷和《叶圣陶写给孩子的诗：小小的船》一书。

师：小朋友们知道吗？《小小的船》的作者是叶圣陶爷爷，他是"优秀的语言艺术家"，叶爷爷给小朋友们写了好多优美、有趣的儿童诗，都编在了一本书里（出示《叶圣陶写给孩子的诗：小小的船》封面）。

现在就让我们一起坐上"月亮船"，一起走进儿童诗的花园。

·任务二：漫步"月亮"园，诵读比喻诗·

1. "月亮"欢迎你。

课件出示诗配画《月亮》：

窗子外，月亮圆；/像个球，像个盘。/像个球，我来玩；/像个盘，我来端。

（1）指名读，说说这首诗中特别好玩的地方。
（2）这首诗让你想到了大诗人李白的哪首诗？

预设：《静夜思》《古朗月行》。

（3）《古朗月行》把月亮比作什么？叶圣陶爷爷的诗把月亮比作什么？你更喜欢哪一首诗？

师：两首诗都充满了神奇的想象，运用了比喻。叶圣陶爷爷的这首《月亮》就是一首比喻诗。想不想读叶圣陶爷爷另外的比喻诗？

2. "月光"真美丽。

(1) 课件逐节出示诗配画《月光》, 指名诵读。

月光像牙色, 静静照中庭; ……/ 月光像青纱, 轻轻笼原野; ……/ 月光像流水, 泻在小溪上; ……

(2) 同桌交流: 叶圣陶爷爷把月光分别比作牙色、青纱、流水, 描绘了三幅优美的画面, 你觉得哪一幅画面是最美的? 说说你的理由。也请你美美地读读这一幅画面。

(3) 如果让你来当小诗人, 你想把月光比作什么呢?

月光像（　　　　），_____。

·任务三: 游戏"兔子园", 诵读问答诗·

1. 诵读《谁敲门》。

现在我们来到"兔子园", 听听——谁在敲门呀?

(1) 课件出示, 师表演范读。

小白兔在家里, / 听得外面敲门, / 他问: "谁敲门?"

(2) 课件出示, 指生说。"外面的说: _____。"

(3) 课件出示原诗, 请学生读。

家住树林里, / 身穿羽毛衣, / 来去像飞机, / 今天来看你。/ 你猜我是谁?

(4) 请学生猜一猜"谁"在敲门? 课件出示, 学生表演读。

小白兔说: / "你是小鸟, / 请进来吧。"

(5) 课件依次出示"小鱼敲门、青虫敲门"两节诗, 请学生表演读。同桌讨论发现这首诗藏着的小秘密。教师引导: 这首诗里藏着问答和谜语呢, 可以叫它们是——问答诗。

2. 诵读《好大的风呀》。

《好大的风呀》也是一首问答诗，男女生诵读表演比赛。

男生表演风声"哗，哗，哗"，女生读问句；然后男女生交换角色；最后师生共同评价男生、女生谁读得好。

3. 诵读《秋天的早上》。

（1）学生自由练读。

（2）学生"开火车"读问句，教师配合回答读。比如：

生：红一抹，蓝一抹，／谁画这天空中的画图？

师：云霞姑娘画这天空中的画图。

（3）教师读问句，请学生回答。

·任务四：旅行"小人国"，诵读故事诗·

小朋友，摇着月亮船，我们来到了一个奇幻的国家——小人国。

1. 诵读《小人国》。

（1）学生自由诵读，说说：小人国的什么景象让你感到特别好笑？

（2）教师出示英国作家罗伯特·斯蒂文森的《小人国》（片段），指名诵读：

那儿有小人国的居民居住；／那儿三叶草成了大树，／小雨塘成了大海大湖，／一片片草叶像是小船队／短途航行来来又回回……①

（3）小人国里还会有哪些奇妙的景象呢？你能接着叶圣陶爷爷的诗编一句吗？

2. 诵读《农人和野兔》。

离开了"小人国"，我们穿越到了乡村、田野，听一听"农人和野兔"的故事吧。

---

① ［英］罗伯特·斯蒂文森：《一个孩子的诗园》，屠岸、方谷绣译，人民文学出版社，2006年版，第93页。

（1）教师范读《农人和野兔》。

（2）学生交流分享：这首诗让你想到了古代的哪一个寓言故事？你从这首诗中明白了什么道理？

3.诵读《小鸟回家》。

（1）学生自由朗读。

（2）说一说诗中让你最感动的地方。

（3）学生分角色表演诵读，评选最佳表演奖。

·任务五：回味旅程，诵读"最喜爱的一首诗"·

1.分享收获：我们的"月亮船"到终点啦！在叶圣陶爷爷写给孩子的儿童诗花园旅行中，你最大的收获是什么，能和大家分享分享吗？

2.合作诵读：请四人小组选择一首"最喜爱的诗"合作诵读表演。

3.教师小结：出示《欢迎新朋友》，教师诵读。

"欢迎，欢迎，欢迎，/欢迎各位新朋友！"让我们和诗歌结为朋友，让我们的童年生活充满诗意和快乐！

创读课

带着自己的诗集来诵读
——《读读童谣和儿歌》《叶圣陶写给孩子的诗：小小的船》创读课教学设计

杭州市余杭区未来科技城海曙小学　王艳霞

创读目标

1. 以编、创、画等表达形式，积极展示阅读童谣、诗歌的个性化诗集作品，感受童谣童诗的韵味和童趣。
2. 以独诵、小组诵、亲子诵、集体诵等诵读方式，展现诵读风采，体验阅读的快乐。

创读准备

学生小组合作准备一本自编诗集、"画满歌谣与诗的彩色窗子"的教室布置以及朗诵会准备等。

创读过程

·任务一：视频展示学生小组合作准备"带着自己的诗集来诵读"项目任务过程·

1. 介绍编辑小组成员以及选择的诗集主题等。

（1）编辑小组：可以是独立完成，也可以是和大人、小伙伴合作完成。

（2）诗集主题：教师建议可以"北方童谣、中外童诗、可爱的小动物、植物天地、四季、美丽的祖国、我爱我家、奇奇怪怪国"等为主题，学生自主选择。

2. 介绍诗集素材采集站。

教师建议可以从童诗童谣绘本中选择，比如《老猫老猫》《一园青菜成了精》《蝴蝶和豌豆花》等；也可以从诗人的诗集中选择，比如《读读童谣和儿歌》《叶圣陶写给孩子的诗：小小的船》以及金波、金子美铃的诗等；还可以是小朋友自己创作的诗。

3. 介绍诗集制作过程和诗集内容。

（1）诗集制作过程：怎么完成的？遇到困难怎么克服的？

（2）诗集内容：名称、封面、封底、内容简介、推荐阅读海报等。

·任务二："画满歌谣与诗的彩色窗子"专题朗诵会·

小主持人主持，学生人人参与，以独诵、小组诵、亲子诵、集体诵等诵读方式，举行"画满歌谣与诗的彩色窗子"专题朗诵会。

·任务三：举行原创童诗大赛优秀作品展·

鼓励学生留意生活，关心世界，放飞想象，释放童心，去发现美，表达美，创作属于自己的童诗。优秀作品举办展览，并举行颁奖礼，颁发"彩虹窗子徽章"。

赏 析

荡起那小小的月亮船
——王艳霞老师童诗童谣整本书阅读设计赏析

闫 学

> 弯弯的月儿小小的船,
> 小小的船儿两头尖。
> 我在小小的船里坐,
> 只看见闪闪的星星蓝蓝的天。

这样的诗歌让人忍不住打着拍子唱起来。《小小的船》是叶圣陶先生创作的一首经典儿歌,入选了统编小学语文教材一年级上册。它以极其简单的形式,营造了绮丽的意境,引发了美好的遐思,也生成了欢快的节奏。以《小小的船》为代表的此类童诗童谣,在统编小学语文第一学段教材中(包括课文和"语文园地")占有相当大的比重。同时,我们也注意到,在《义务教育语文课程标准(2022年版)》"整本书阅读"学习任务群关于第一学段的学习内容中,也明确提出了这样的要求:"阅读、朗诵优秀的儿歌集,感受儿歌的韵味和童趣。"

那么,统编语文教材将童诗童谣作为重要的教材体裁种类,《义务教育语文课程标准(2022年版)》也将阅读和朗诵儿歌作为开展整本书阅读的要求,其意义究竟是什么呢?下面,笔者结合王艳霞老师《读读童谣和儿歌》《叶圣陶写给孩子的诗:小小的船》整本书阅读教学设计作一些探讨。

· 在阅读童诗童谣中感受汉语的节奏和韵味 ·

童诗童谣朗朗上口,节奏韵律鲜明,适合诵读。王老师引导学生通过打节奏读、唱读、表演读等多种充满趣味的诵读方式,感受童诗童谣的节奏和韵味。王老师结合不同的童诗童谣作品的特点,"发明"了丰富多样、饶有趣味的诵读形式,如:拍手打节奏,加表情读《小老鼠,上灯台》;打出数字手势,加动作读《数蛤蟆》;两人合作表演读《狗和猴》;还有叉腰摇头晃脑读、打着快板表演读等各种形式。这样的诵读活动,不仅调动了学生对童诗童谣的浓厚兴趣,也对童诗童谣节奏韵律鲜明的特点有了更深刻的体会,同时生动地感受到汉语的韵味和美感。

· 在阅读童诗童谣中体味天真烂漫的童真童趣 ·

在赏读课上,王老师带领学生开启了一场"摇着月亮船的诗游":他们漫步"月亮"园,诵读比喻诗;游戏"兔子园",诵读问答诗;旅行"小人国",诵读故事诗……如,王老师带领学生诵读《谁敲门》,师生分角色一问一答表演读,诵读就变成了一场充满快乐和趣味的活动,学生还在这个过程中发现这首诗藏着的小秘密——问答和谜语,从而认识、理解了"问答诗"的特点。这些生动活泼的诵读活动,不仅充分体现了童诗童谣的艺术表现特点,也帮助孩子在丰富的联想和充满趣味的活动中,感受优秀童诗童谣作品中所蕴藏的童真童趣,也展现了作为诵读者的孩子们充满童真童趣的本性——阅读本身成为一种释放天性、感受快乐的行动和方式。

· 在阅读童诗童谣中放飞童年的奇思妙想 ·

经典童诗童谣作品承载了童年的幻想,展现了儿童自由率真的天性。在阅读中,应该充分把握童诗童谣的这一特点,引导学生进行感受和品味。例如,王老师带领学生阅读童谣《红橘》,通过学生个别诵读、集体诵读的形式理解童谣内容,感受节奏韵律,引导学生进行讨论:为什么这只红橘这么大,比老师还大呢?显然,如此硕大的红橘在现实生活中是不存在的,学生讨论后发现,原来这么大的红橘是小朋友想象出来的,它代表着小朋友对老师满满的爱。再如,王老师带领学生一起欣赏《小小的船》表演视频,一起歌唱这首经典童诗,在动人的歌声和美好的意境中放飞想象的翅膀,感受经典童诗在审美创造方面所达到的高妙的艺术成就。

·在阅读童诗童谣中丰富童年的精神世界·

经典童诗童谣作品展现了语言的魅力,也丰富了儿童的精神世界。例如,王老师带领学生诵读《月光》,学生发现叶圣陶爷爷把月光分别比作牙色、青纱、流水,这些构成了三幅优美的画面,学生在头脑中想象这些画面,说说哪一幅画面最美,同时带着这种美好的感受再来诵读这首诗。学生还可以讨论:如果我来当小诗人,我还可以把月光比作什么呢?这样的诵读和讨论,不仅帮助孩子感受到语言的魅力,激发了孩子心中美好的想象,提升了孩子的审美鉴赏水平,也在孩子的精神世界中描绘了丰富美好的精神底色。

赏析王老师关于童诗童谣的整本书阅读教学设想,就像与王老师和她的孩子们一起,荡起了那只小小的月亮船,在童诗童谣的世界里漫溯。在这只小船上,我们一起召开"画满歌谣与诗的彩色窗子"专题朗诵会,举办原创童诗大赛优秀作品展,编制属于自己的诗集,将"彩虹窗子徽章"作为美好的纪念。我相信,这样的阅读课将在每一个孩子的精神世界中留下美好的印记,成为生命中难忘的珍藏。

经典寓言阅读课程

启读课

打开敞亮的寓言世界
——《中国古代寓言故事》启读课教学设计

杭州市余杭区杜甫小学　陆智强

启读目标

1. 运用预测法、表演法、制造悬念法等多种策略，激发学生阅读整本书的兴趣。

2. 借助目录初步了解寓言的类型，并尝试制订阅读计划，围绕阅读提示进行有目的的阅读。

启读过程

·任务一：简单回顾所学寓言故事，初步感知其特点·

1. 选择本单元中自己喜欢的一则寓言故事，用自己的话讲一讲大致内容，并说一说喜欢的理由。

（1）提示：引导学生从故事情节、人物形象、语言特点、蕴含的道理等多个角度展开交流。

（2）结合严文井语录，"寓言是一个魔袋，袋子很小，却能从里面取出很多东西来"，以及"交流平台"的内容阐述寓言之印象，初步感知寓言

"小故事大道理"的特点。

2.采取多种方法，激发学生阅读整本书的兴趣。

（1）预测法：出示《东施效颦》《纪昌学射》的题目，引导学生根据题目预测故事的大致内容。

（2）表演法：教师通过自己精彩的表演，展示《眉眼嘴鼻》故事中嘴巴、鼻子、眼睛、眉毛四个各具特点的角色，引发学生深入思考。

（3）制造悬念法：播放《东郭先生与狼》视频，在故事结尾引导学生思考狼饿了会做出怎样的举动，并随机指名学生交流。

·任务二：借助目录，大致了解寓言故事的类型·

1.教师相机引出以上故事出自《中国古代寓言故事》，引导学生仔细观察封面，随机指名学生交流获取的有价值信息。预设：知晓作者、出版社等。

2.播放微课，交流古代寓言产生的历史原因，即古代劳动人民在长期的生产生活中创造和发展起来，由古代劳动人民口头创作，表现对某类人或社会现象的赞扬和嘲讽，短小精悍却蕴含着深刻的道理和丰富的人文科学常识。

3.出示目录，引导学生快速浏览并在归类比较中发现寓言的类型。

（1）课件圈出：伯乐怜马、纪昌学射、扁鹊治病。你发现了什么？预设：这类寓言故事以主人公加事件为题，通过题目能猜测故事的大致内容。

（2）课件圈出：孔雀爱尾、狐假虎威、蜈蚣自大。你发现了什么？预设：有些寓言故事以动物为主角，向人们传递做事的道理、学习方法及处事态度。

（3）归类小结，引导学生初步了解《中国古代寓言故事》所收录的故事可以概括为三大类，即劝诫类、讽刺类和哲思类。

任务三：制订阅读计划，围绕阅读提示进行有目的的阅读

1. 制订阅读计划，让整本书阅读有序。

（1）教师出示多份有创意的阅读计划范例，引导学生了解一份完整的阅读计划所需包含的要素。

（2）学生尝试绘制阅读计划，教师巡视指导。

2. 出示阅读提示，让整本书阅读有质。

（1）一边读，一边记录下整本书中出现了哪些动物与人物，他们分别具有怎么样的特点，给你留下了怎样的印象。

（2）很多故事带给我们很多启示，也能帮助我们解决生活中的小问题。试着选择几个故事，结合自己的成长经历想一想给你哪些启发。

（3）相信可以读得更多：除了《中国古代寓言故事》,《克雷洛夫寓言》《伊索寓言》《拉封丹寓言》也在文坛上享有盛誉，值得我们去读一读。

赏读课

挖掘深厚的寓言价值
——《中国古代寓言故事》赏读课教学设计

杭州市余杭区杜甫小学　陆智强

赏读目标

1. 通过联读《中国古代寓言故事》《克雷洛夫寓言》《伊索寓言》中有关狐狸的故事，分析其多维形象，感受不同文化背景下的寓言魅力。

2. 通过阅读来自不同国家却情节相似的故事，进一步理解寓言产生的缘由以及寓言故事对当下生活的意义。

赏读过程

· 任务一：以故事中的动物为着力点，解读其艺术魅力 ·

1. 交流展示：在阅读《中国古代寓言故事》时，书中出现了哪些动物？它们都具有怎样的特点？给你留下了怎样的印象？

（1）根据学生交流内容，教师相机出示文本，引导其他学生进行补充。

（2）教师点拨，小结：狮子是百兽之王，是凶猛、可怕的；狼是凶恶的；狐狸是狡猾的。当小羊、驴等小动物遇见它们时，往往会机智脱险。这就是寓言要告诉大家的自然法则。其实这些动物在故事中还代表着一些人，借动物之间的故事来讲人生道理也是寓言故事的特点。

2. 聚焦"狐狸",感受丰富的寓意色彩。

(1)出示《狐假虎威》《与狐谋皮》连环画,引导学生借助图画用自己的语言讲述故事。

(2)随机指名学生交流对狐狸的印象。预设:阴险奸诈、狡猾虚伪。出示《克雷洛夫寓言》中《狐狸和土拨鼠》《狐狸和葡萄》以及《伊索寓言》中《狐狸和乌鸦》《狐狸和山羊》等故事内容,引导学生进一步感知狐狸负面的形象。

(3)出示《伊索寓言》中的《老狮子与狐狸》《狐狸与狮子》《狐狸与豹》三则故事,引导学生小组合作:先自己默读,然后小组成员相互交流这是一只怎样的狐狸,最后小组代表发言,其他小组补充。预设:在《老狮子与狐狸》的故事中,狐狸面对事情冷静分析,不盲目跟从;在《狐狸与狮子》中,狐狸具有勇于实践、敢于突破自我的精神;而在《狐狸与豹》的故事中,狐狸深知内在美比外在美更重要。

(4)思考:同样是狐狸,为什么在《伊索寓言》中有两种截然不同的形象?微课播放"伊索的成长经历""古希腊城邦制度下人们的生活情况"等视频资料,引发学生理解在传统认知里,狐狸的形象是狡猾的,它总是通过欺骗的手段达成自我目的,代表着古希腊城邦中利己主义者;而当时的人们需要冷静、理智的思维面对各种不幸的遭遇,狐狸聪明机智的形象正符合底层人们对生活智慧的追求。狐狸无论是正面的形象,还是负面的形象,都是当时复杂社会中人们自我行为的缩影。

· 任务二:以同一故事不同版本为媒介,探究其文化渊源 ·

1. 出示中国古代寓言故事《蛙与斗牛》,随机指名学生交流阅读感受和获得的启发。

(1)出示法国拉封丹的寓言诗《想变得和牛一样大的青蛙》,《克雷洛夫寓言》中的《蛤蟆和公牛》,引导学生对比阅读并发现其中的秘密。

(2)交流:为什么在不同的国家,竟然出现了情节、内容相似的寓言故事?师生围绕寓言产生的缘由、不同国家的社会历史背景等角度展开讨论。教师点拨:由于寓言故事本身的特点,或劝诫,或讽刺,或表达哲思,都传递着人生的智慧、为人处世的态度,这些都跨越了时空,随着世界文化的不断融合与交汇,逐渐演变出一些情节、内容相似的故事。

  2.思考:今天的我们为什么仍然要读寓言故事?可以联系自己的生活实际谈感受。教师小结:阅读寓言故事,不仅可以丰富积累,学习表达,还可以从中学习先人的智慧和为人处世的方式。

创读课

展示精彩的阅读成果
——《中国古代寓言故事》创读课教学设计

杭州市余杭区杜甫小学　陆智强

创读目标

1. 创设寓言故事小剧场、寓言故事"最"讲坛、寓言故事改创编等多种阅读互动活动，分享阅读心得，积累整本书阅读经验。

2. 小组合作完成项目任务，借助评价量表，实现朗读能力、口语交际能力、文学创作能力等多种能力的培养与提升。

创读过程

· 任务一：寓言故事小剧场 ·

任务描述：小组合作，选取其中一则寓言故事演一演。首先，进行小组成员分工，明确每位组员的任务；其次，要合理地改编寓言故事，注意人物的语言、动作、神态要恰切，还要思考如何将寓意自然地向观众传递；最后，在排练的过程中可以适当增加道具、场景布置等。

第（　　）小组表演评价单	
寓言故事：＿＿＿＿＿＿＿＿＿＿＿＿	
评价标准	评价等级
1. 基本还原了故事情节，表演连贯、完整。	
2. 人物的台词、动作、神态符合情境，演员具有表现力，没有出现笑场。	
3. 寓意准确传达，能引发观众思考。	
4. 配乐得当，场景布置合理。	
5. 小组成员分工明确，人人参与。	
评价者：□自我评价　□同学评价　□老师评价	
每项指标最高可得5颗星：1颗星为合格，2颗星为较好，3颗星为良好，4颗星为优秀，5颗星为最优。	

·任务二：寓言故事"最"讲坛·

任务描述：一则则寓言故事中的人物或者动物一定给你留下了深刻的印象，有同学认为《揠苗助长》中的宋人是"最愚蠢"的，有同学认为《伯乐怜马》中的千里马是"最幸运"的……那么，你能否给这些"最"人物或者动物贴上标签呢？并结合故事内容阐述理由。

·任务三：寓言故事改创编·

1. 改编寓言故事。

任务描述：寓言的寓意与其情节设计有密切的关系。例如，愚公为何不搬家，非要移山呢？假如你是《龟兔赛跑》中的兔子或者乌龟，你又会如何比赛呢？请你选择一则自己感兴趣的寓言故事并重新设计情节，赋予其新的寓意，把它改写成一篇新的寓言。

2. 创编寓言故事。

任务描述：根据自身经验和阅读所学，先选定一个主人公，再明确要表达的寓意，最后尝试创编一则寓言故事。写作时要写清楚题目、事件的过程。此外，还可以配上生动的插图，让故事更加有趣，更加吸引读者。最后，将同学们创编的寓言故事汇集成册，形成独属于我们班的寓言集。

·任务四：寓言故事我会用·

任务描述：寓言其实就在我们生活中，我们不仅要读懂它，积累它，还要会用它。根据以下情境描述，你会用哪一则寓言故事进行劝说呢？先自己说一说，再小组成员相互交流。

情境1：小明同学在一次数学竞赛中得了班级第一，他逢人就把自己的成绩说给别人听，觉得自己聪明至极，无人匹敌。你会用哪一则寓言故事对小明同学进行劝说呢？

情境2：小李的妈妈总希望小李同学琴、棋、书、画样样精通，于是给他报了很多兴趣班，甚至双休日也排得很紧凑。可是，小李对这些并不感兴趣，他尤其喜欢足球、游泳等体育项目。你又会借助哪些寓言故事帮助小李说服妈妈呢？

赏析

点亮智慧之灯
——陆智强老师《中国古代寓言故事》整本书阅读设计赏析

闫 学

今天我们为什么要带领孩子阅读寓言故事？

各个版本、不同时期的小学语文教材中，都有寓言故事这一体裁，但寓言故事在教材中大都作为单篇选文出现，或以数篇寓言构成的单元整组形式出现。这些进入教材的寓言故事都是经典作品，学生通过阅读这些寓言故事，初步认识了寓言故事这类文本的特点，也在阅读中感悟到其中蕴含的道理，以及古老的寓言故事对现代人的启迪和警示作用。寓言故事是一个丰富博大又极具想象力的文学艺术和哲学思想宝库，从思维能力、语言运用、审美创造等不同的核心素养维度来看，都具有非常重要的阅读价值。对于中国孩子而言，阅读中国寓言故事，也是建立文化自信、了解中华优秀传统文化的一个重要路径，但现行小学语文教材中的寓言故事单从体量来看是远远不够的，这就为寓言故事的整本书阅读提出了要求。

从艺术表现形式来看，寓言故事具有不同于其他体裁文本的突出特点。无论是《中国古代寓言故事》，还是《伊索寓言》和《克雷洛夫寓言》，都没有复杂的情节，也没有令人眼花缭乱的人物关系，但都在短小凝练的叙事中蕴含着深刻的哲理，成为民族文化乃至世界文化的重要组成部分。这些故事产生的影响是如此深远，经过历史时间长河的过滤，那些故事中蕴含的道理早已进入现代人的话语系统和精神世界，持续而深刻地影响着我们的思维方式、行为习惯和价值理念。那些故事中的人物形象,如"揠苗助长"的农夫,"刻舟求剑"的楚人,以及"滥竽充数"的南郭先生,似乎从未走远,有时恍若就在我们身边,启迪着我们,也警示着我们。从这个意义上来说,寓言故事的整本书阅读,就是点亮了每个孩子心中的智慧之灯,从人物形象、故事情节、叙事方法、寓意感悟、现实观照等不同方面进行阅读聚焦和讨论思辨,感受寓言故事的魅力,也提升了学生的思维能力、语言运用能力和审美水平。

  基于这样的共读目标,陆智强老师带领学生开展了寓言故事的整本书阅读。以《中国古代寓言故事》为主要共读书,结合《伊索寓言》《克雷洛夫寓言》《拉封丹寓言》,通过启读课、赏读课和创读课,带领学生开启了一段充满哲思和智慧的阅读之旅。下面,我们来探讨陆老师的阅读指导设计有哪些特点。

·多维度进入,激发寓言阅读兴趣·

  由于教材中单篇寓言和单元整组寓言的存在,学生对寓言故事的基本特点并不陌生,也已初步感受到阅读寓言故事的趣味和其中蕴含的道理,但这种认识只停留在基于单篇或单元寓言文本的阅读经验上,从阅读体量和阅读视野来看,尚不能支持学生对于寓言故事的本质特点、表现形式和文化渊源等各方面深刻的认识。陆老师从书中选择经典寓言故事,采用了预测法、表演法、制造悬念法等多种方法,从不同的维度切入,帮助学生感知寓言故事的特点,激发学生阅读整本书的兴趣。同时,通过对书的目录的研究,在归类比较中发现寓言的几种主要类型,以进一步认识寓言的特点、内涵、表达结构以及其蕴含的智慧对后世的影响,感受寓言故事的魅力和对整本书阅读的期待。

·着力点聚焦,感受寓言艺术魅力·

  寓言不同于其他文本体裁,《中国古代寓言故事》与《伊索寓言》《克雷洛夫寓言》《拉封丹寓言》相比,既有不同之处,也有相通之处。陆老师引导学生以故事中的动物为着力点，思考《中国古代寓言故事》中出现了哪些动物，它们都具有怎样的特点，给自己留下了怎样的印象。聚焦狮子、狐狸等动物进行讨论，学生发现这些动物在故事中还代表着一些人，借动物之间的故事来讲人生道理也是寓言故事的特点。同时，学生发现哪怕是同一种动物，在中外不同的寓言故事中所表现的形象也不一样，如在《中国古代寓言故事》中，狐狸大都是阴险奸诈、狡猾虚伪的，总体来说是个负面形象，但在《伊索寓言》中，狐狸的形象发生了很大的变化：遇事冷静不盲从，勇于实践，敢于突破自我，等等。通过聚焦寓言故事中具有代表性的动物形象，帮助学生感受丰富的寓意色彩，以及不同文化背景下的寓言魅力。

· 多版本链接，探索寓言文化渊源 ·

不同文化背景下寓言故事有不同的特点，陆老师引导学生在阅读《中国古代寓言故事》的基础上，联系《伊索寓言》《克雷洛夫寓言》《拉封丹寓言》，发现了一个有趣的现象：在不同的文化背景下竟然出现了情节、内容极其相似的寓言故事，如《中国古代寓言故事》中的《蛙与斗牛》，与《拉封丹寓言》中的《想变得和牛一样大的青蛙》和《克雷洛夫寓言》中的《蛤蟆和公牛》，其情节和内容都非常相似，教师引导学生进一步思考其中的根源，围绕寓言产生的缘由、不同国家的社会历史背景等多个角度展开讨论。这种讨论，通过相似故事的多版本比较阅读，站在社会历史文化的背景下展开思考，不但开阔了学生的阅读视野，也让阅读讨论有了更深层次的意义，对寓言故事跨越时空的魅力及其在人类文化发展史上所产生的深远影响，也有了进一步感悟和洞察。

· 多形式展示，分享寓言阅读成果 ·

许多经典寓言故事都有着脍炙人口的情节和个性鲜明的人物，这些故事所蕴含的寓意也具有强烈的现实观照意义。基于寓言故事的这一特点，陆老师在创读课上引导学生通过"寓言故事小剧场""寓言故事'最'讲坛""寓言故事改创编""寓言故事我会用"等多种阅读互动活动,交流阅读成果,分享阅读心得,这些活动生动活泼、饶有趣味,学生参与热情高涨。无论是戏剧表演、故事讲述还是故事创编,都展现了不同形式的阅读学习任务,辅以适当的师生评价,让孩子真正读懂寓言、爱上寓言,在经典阅读中体悟智慧之道,点亮每个孩子心中的智慧之灯。

经典绘本阅读课程

启读课

有意思的房子

——二年级《打瞌睡的房子》《当毕加索遇上马蒂斯》启读课教学设计

杭州市余杭区未来科技城海曙小学　王艳霞

启读目标

1. 聚焦绘本里的房子，调动已有的阅读经验，激发孩子的阅读探究兴趣。
2. 探索绘本画面中隐藏的细节秘密，感受阅读发现的乐趣。
3. 尝试用不同的节奏朗读绘本文字，体验文字的节奏美。

启读过程

· 任务一：猜测想象，感受绘本世界里各种各样奇妙的房子 ·

1. 打开想象之门：房子可以飞。

出示《飞屋环游记》图片，请学生描述：我看到了一座（　　）的房子。

2. 观察猜想封面：房子有意思。

（1）依次出示《会飞的房子》《世界上最大的房子》《海底100层的房子》等绘本封面，请学生猜想：这可能是什么样的房子？谁生活在这座房子里？

（2）出示《打瞌睡的房子》封面文字标题（图画不出现），请学生猜想并进行描述或者表演：打瞌睡的房子是什么样儿的？谁生活在这座房子里呢？

出示完整的封面，验证学生的猜想。

【设计意图：聚焦奇妙的"房子"，带领学生走进充满魔力的绘本阅读课堂，培养学生的观察力，激发他们的想象力，营造阅读期待。】

·任务二：阅读发现，走进《打瞌睡的房子》·

1. 阅读绘本第1页，"雨中的房子"。

教师有节奏地朗读这一页上的文字，学生听读并有表情地模仿图画中的房子。

教师相机提示：画家把雨中的房子画得就像一个正在打瞌睡的人，你能找到"他"半睁半闭的眼睛、耷拉的眼皮、微微张开的嘴吗？你能听到"他"传来的轻微的呼噜声吗？

2. 连续翻页，阅读绘本"沉睡的房间"部分。

（1）学生自由阅读，选择其中的一个角色，持续观察这个角色的不同睡姿以及活动轨迹。

（2）回看绘本，表演模仿睡姿，寻找角色的活动轨迹。

分三次回看，第一次观察老奶奶和小男孩，第二次观察狗、猫和老鼠，第三次观察跳蚤。

3. 连续翻页，阅读绘本"醒来的房子"部分。

（1）请学生配合着绘本的画页，有节奏地朗读这部分的文字，看谁读得快。

不睡觉的跳蚤，咬了老鼠一口。老鼠吓了猫一跳。猫抓了狗一把。狗踢了小孩一脚。小孩撞了老奶奶一下。老奶奶把床压垮了。

（2）请学生寻找"醒来的房子"的变化，根据表格说一说或者画一画。

"醒来的房子"	变　化
墙上的镜子	
茶几上的水壶	
椅子下的鞋子	
房间的光线	
……	

4. 阅读绘本的最后一页，让学生寻找：叫醒房子的小跳蚤哪儿去了？

【设计意图：阅读绘本就像是一场迷人的探险，学生通过表情表演、追踪角色、探秘发现、比较变化等阅读策略，到绘本里"慢慢走，欣赏啊"。】

· 任务三：对比探究"雨中的房子"和"醒来的房子"的异同点 ·

1. 说一说：教师同时出示《打瞌睡的房子》中"雨中的房子"和"醒来的房子"两个画页，请学生说一说它们的异同点。

2. 画一画：你喜欢"雨中的房子"还是"醒来的房子"呢？请模仿绘本画一画。

【设计意图：下雨时"打瞌睡的房子"以冷色调为主，画意朦胧；雨过天晴时"醒来的房子"画面温暖而明亮。让学生说一说自己的发现，初步培养他们对于色彩、线条、意境的审美鉴赏能力；让学生画一画自己喜欢的房子，尊重他们的审美趣味。】

· 任务四：课外拓展阅读，初识毕加索和马蒂斯两位画家 ·

出示《当毕加索遇上马蒂斯》中的两座房子，引发学生思考：这两座房子又有哪些不一样的地方呢？你更喜欢哪一座房子呢？

【设计意图：启读课承载的功能之一，即是用一个绘本引发学生去打开更多的绘本。此环节以提问的阅读策略，营造新的阅读期待。】

赏读课

一座房子代表一种流派
——二年级《打瞌睡的房子》《当毕加索遇上马蒂斯》赏读课教学设计

杭州市余杭区未来科技城海曙小学　王艳霞

赏读目标

1. 欣赏绘本的图画，感知绘画的魅力，初步了解几种绘画流派，初步培养儿童的美学素养。

2. 理解绘本故事内容，懂得艺术创作既要保持自己的独特个性，又要尊重、欣赏他人的艺术，进而感悟人与人之间要互相尊重和包容。

赏读过程

· 任务一：选择连线，初步了解几种绘画流派 ·

1. 谈话导入：《当毕加索遇上马蒂斯》里的房子，你更喜欢哪一座呢？为什么？

2. 简要介绍毕加索和马蒂斯及其所属画派，出示《亚威农少女》《舞蹈》等名画作品图片。

3.学生完成学习单任务：将三座房子的图片与相对应的绘画流派进行连线，并且说明理由。

　　现实主义画派　　　　　立体主义画派　　　　　野兽主义画派

【设计意图：有观察、比较，才有美的发现。从色彩、线条等方面的观察、鉴别，初步培养学生对于绘本画页风格的鉴赏能力。】

·任务二：赏读绘本《当毕加索遇上马蒂斯》·

1.阅读绘本封面，对故事情节进行推测。

2.数一数环衬上毕加索和马蒂斯各有几种表情，说一说你最欣赏哪一种表情。

3.自由阅读绘本，小组合作完成情节推进图，全班交流。

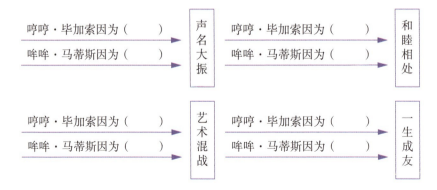

4.寻找绘本中的小秘密。

（1）出示绘本中加粗变黑的语句，请学生谈谈感受和发现。

（2）再次出示《亚威农少女》《舞蹈》等名画作品图片，请学生在绘本中找到相关画作。

【设计意图：绘本的故事情节充满着艺术张力，召唤儿童走进绘本，让儿童有滋有味地读懂故事，这是绘本课的基础目标；优秀的绘本一般都藏着一些"小秘密"，借用这些"小秘密"的发现，让儿童体验到阅读的快乐。】

·任务三：感悟绘本的主题意蕴·

1. 演一演：和小伙伴合作演一演绘本里的"现代艺术混战"。
2. 辩一辩：你认为这场艺术混战是谁的错呢？
3. 辨一辨："哼哼·毕加索遇见哞哞·马蒂斯之墙"与"哞哞·马蒂斯遇见哼哼·毕加索之墙"分别是哪堵墙呢？为什么评论家称这道墙为"难以置信的艺术"呢？

预设：艺术风格没有对错、好坏之分，人与人之间要互相包容和尊重，百花齐放才能创造美好多彩的世界。

【设计意图：低年级的绘本阅读课也需要有指向高阶思维培养的阅读活动。此环节的"演一演"是基于理解的阅读表达，"辩一辩、辨一辨"是基于思维的阅读表达，均指向学生高阶思维的培养。】

·任务四：赏析不同的画派并模仿创作·

1. 观察比较绘本中"水果静物画"的不同表现，和小伙伴交流。

2.观察比较绘本中"房子"的不同表现,和小伙伴交流。

3.尝试模仿创作。

你更欣赏毕加索的立体主义画派还是马蒂斯的野兽主义画派?请你选择模仿其中的一位艺术大师创作一幅作品,比如一个苹果,一朵小花,一颗星星,一条鱼……

【设计意图:让学生拿起画笔进行创作,即便是简简单单、歪歪扭扭的涂鸦,也融入了他们的观察与鉴赏。】

创读课

我心目中的"房子"
——二年级《打瞌睡的房子》《当毕加索遇上马蒂斯》创读课教学设计

杭州市余杭区未来科技城海曙小学　王艳霞

创读目标

1. 通过创设主题画展、朗诵表演、戏剧表演等丰富多彩的阅读成果展示评价活动，进一步提升学生的美学鉴赏能力。
2. 小组合作完成项目任务，培养学生的团队协作精神。

创读过程

· 任务一：明确任务要求，自主选择项目，产生合作小组 ·

1. 出示任务菜单。
（1）做绘画大师：选择你最喜欢的画派风格，画一座你心目中最酷的房子。
（2）做朗诵大师：从两本绘本中选择一段或者几段文字，进行朗诵表演，表演时可配上恰当的音乐和课件背景图片。
（3）做表演大师：从两本绘本中选择场景进行表演，表演时可以发挥自己的创意，表演所需道具，就地取材，自己准备。

说明：学生可选择以上其中一项完成；可以一人单独完成，也可以与小伙伴合作完成，每个合作小组的人数不超过4人。

2.学生自主选择任务，产生项目组和合作小组。

【设计意图：课堂上的多元创意实践活动，为儿童展示阅读成果搭建了良好的平台。】

·任务二：明确评价标准，规避自身不良行为，作好评价他人作品的准备·

1.教师出示"绿房子奖"评价标准，全体学生审核无异议通过。

2.装饰自己的点赞卡，准备把个性点赞卡投给自己最认可的作品；每个项目只能投一张点赞卡，多投无效，也可以投给自己。

评价内容	评价要求	评价等级
我会合作	活动全程积极参与，主动合作，不干扰他人	🏠 🏠 🏠
我有创意	设计具有原创性，表达富有想象力	🏠 🏠 🏠
我能打动你	具有一定的感染力，打动观众的心	🏠 🏠 🏠

【设计意图：课堂上嵌入阅读评价标准，以评价指向激发儿童主动合作、大胆创造与表现。】

·任务三：学生创作展示，点赞投票，当堂颁奖·

1.学生准备展示，教师巡回指导。

2.学生展示，点赞投票。

（1）展示组别：绘画组（展示后布展作为环境装饰）、朗诵组和表演组。

（2）点赞投票：教师引导学生既要鉴赏作品的美感，更要赏识他人的主动参与，力求人人都能获奖。

（3）随机采访：你把点赞卡投给了谁的作品？你觉得这个作品哪个地方打动了你？

3.当堂颁奖，结课反思。

我获得了（　　）座"绿房子奖"，还需要在（　　）方面多多努力。

【设计意图：让学生在交流、分享中感受阅读的快乐，评价始终注重学生的阅读态度，同时鼓励学生从阅读习惯、方法等方面进行自我反思与改进。】

赏析

指向审美创造的低年级整本书阅读课

闫　学

目前，在大量关于整本书阅读的理论与实践研究中，针对低年级学生的整本书阅读涉及维度和策略方法相对比较单一，目标大都集中在了解故事情节、感受人物形象和拓展相关知识等方面。但如何围绕低年级学生的认知背景和思维特点，培养学生的阅读能力，激发阅读兴趣，养成良好阅读习惯，同时积累阅读经验，掌握阅读方法，并在阅读中丰富精神世界，既是低年级整本书阅读的基本要求，也是全年段关于整本书阅读的整体目标指向。同时，整本书阅读的研究与其他板块的语文教学研究一样，都应该最终指向的是学生核心素养的形成与发展。《义务教育语文课程标准（2022年版）》提出了核心素养的四个维度——文化自信、语言运用、思维能力和审美创造，那么，在整本书阅读的具体实践中，如何实现核心素养的落地，达成阅读目标，还有许多有待深入研究的地方。

比如，面向低年级（第一学段）学生的整本书阅读，应该选择哪些书目？达成哪些阶段性目标？在核心素养形成方面，藉由整本书阅读可以起到哪些作用？在阅读策略与方法的选择上，怎样才能全面提升学生的阅读能力？《义务教育语文课程标准（2022年版）》将"整本书阅读"作为拓展型学习任务群的一种类型，把"图画书""儿歌""童话书"作为本学段整本书阅读的学习内容。下面，我们以图画书阅读为例，探讨低年级整本书阅读的目标达成和核心素养落地的路径与策略。

图画书又称"绘本"，在低年级阅读中承担着重要任务。关于绘本阅读，在我国中小学教育教学领域，经过十几年的不懈努力，一部分中小学教师已经积累了较为丰富的经验。绘本不同于连环画，它是图文的合奏，在儿童智慧开启、美学鉴赏、心理治愈、哲学启蒙等领域，都发挥了重要作用。

王艳霞老师的绘本阅读课例设计《不一样的房子》，选择了《打瞌睡的房子》和《当毕加索遇上马蒂斯》这两本经典绘本，从"启读""赏读""创读"三个方面，串起了低年级绘本阅读的完整过程，展现了低年级整本书阅读课程化的实施路径。同时，结合这两本绘本的内容特点与经典元素，聚焦于儿童美学鉴赏，创造性地设计阅读方案，采用丰富多样、灵活多变的阅读策略，以提升学生的审美水平，丰富学生的审美经验，在阅读活动中帮助学生感受美、发现美、表现美、创造美，探索了"审美创造"这一核心素养的实践路径。课程设计聚焦于"不一样的房子"，无论是"打瞌睡的房子"还是"醒来的房子"，无论是两位绘本主人公哼哼·毕加索的房子，还是哞哞·马蒂斯的房子，都代表了不同风格、不同流派与不同侧面的美。如果说一本经典绘本就是一座美丽的房子，房子里有美丽的人物、美丽的家具、美好的气氛，那么，王老师的绘本阅读课就像是带领孩子们徜徉在这座美丽的房子里，与美丽的人物相遇，感受美好的气氛，并且透过这座房子看到更远更美的风景，阅读本身成为一段难忘的美好旅程。

具体来说，我们可以从以下几个方面来看王老师的阅读设计给我们带来的启迪。

·整本书阅读不是"单本书阅读"，让阅读阶梯更高远·

王老师的整本书阅读课突破了以往单本书阅读的惯例，将《打瞌睡的房子》和《当毕加索遇上马蒂斯》这两本绘本结合在一起引导学生阅读，让学生发现两本绘本的异同点，抓取其中的审美元素，呈现出主题群书阅读的基本特征，让低年级整本书阅读展现出更加丰富的维度，也让低年级儿童高阶阅读能力的培养有了更加多样的实施策略。一直以来，对低年级学生的高阶阅读能力培养有不少误区，比如认为低年级儿童不需要阅读挑战，认为增加阅读挑战会损害儿童的阅读兴趣。其实，对高阶阅读能力的培养，应该贯穿于儿童生命成长的各个阶段，只不过在不同阶段其着力点和方式方法有所不同。就阅读经典绘本而言，每一本绘本都自成宇宙，而基于某个主题的两本或群书阅读，则在学生面前展现了更加广阔的宇宙，也让阅读的阶梯延伸得更加高远，从而为培养学生的高阶阅读能力创造前提条件。

· 整本书阅读不是单纯的文字阅读，让阅读审美更多元 ·

绘本中的图画和文字都是"语言"，图画和文字的和谐碰撞、互为补充、彼此呼应，都是内容和情感的展现与表达方式。王老师的教学设计反映出教师对经典绘本中审美元素的准确把握，在启读课上，引导学生走进"有意思的房子"，探索与发现美的细节。比如，注意观察《打瞌睡的房子》色彩的运用前后有什么变化，学生在连续翻页阅读中发现，"雨中的房子"和"醒来的房子"色彩完全不同，光线也发生了变化：由最初的灰蒙蒙，逐渐变蓝、变亮，最后雨过天晴，阳光灿烂，窗外一片碧绿。而这种色彩和光线的变化，又呼应了故事情节的发展和人物的一系列动作。再如，王老师引导学生配合绘本的画页，朗读其中的文字，看谁读得快，学生在快速朗读中发现文字非常有特点，既回环复沓，又层层承递，在充满节奏的文字中推动、展现了故事的发展。这两个阅读细节设计，精准定位于绘本中图画与文字两个方面的美学元素，引导学生如何发现绘本之美，提升了学生的审美鉴赏能力。

· 整本书阅读不是封闭的阅读，让阅读视野更开阔 ·

王老师的赏读课带领学生欣赏"一座房子"，感受"一种流派"，丰富、拓展了美的视野。《当毕加索遇上马蒂斯》是一本非常富有美学内涵的绘本，两位主人公哼哼·毕加索和哞哞·马蒂斯分别代表了大画家毕加索和马蒂斯，其中毕加索是立体主义画派的代表，马蒂斯则代表了野兽主义画派，两种画派都具有非常鲜明的艺术风格。王老师向学生简要介绍了两种画派，并展示了两种画派的代表作《亚威农少女》《格尔尼卡》《舞蹈》《伊卡洛斯》

等名画作品请学生欣赏，同时提示学生关注绘本中加粗加黑的文字，看看有什么发现。学生阅读后发现，这些文字正是说出了两种画派的主要特征和艺术风格。绘本作者妮娜·莱登就是用这种形式，向读者巧妙传达了两种画派的风格特点，在生动有趣的故事中普及了艺术知识。更有趣的是，王老师还带领孩子们发现了绘本的小秘密：当孩子们欣赏了毕加索和马蒂斯的代表作后，再来阅读绘本，就会惊喜地发现，这些名画就出现在绘本中。这是作者妮娜·莱登的独具匠心，而王老师的资源拓展也为孩子们发现美、感受美、鉴赏美提供了必要的基础。

另外，王老师还在启读课上拓展了《飞屋环游记》《会飞的房子》《世界上最大的房子》《海底100层的房子》等绘本，向学生展示这些绘本的封面，但都从一个有意思的问题说起："这可能是什么样的房子？谁生活在这座房子里？""房子"成为一个共同的主题，不仅链接起多本绘本，同时也是一种巧妙的阅读推荐，开阔了学生的阅读视野，激发了阅读期待，调动了想象力，创造性阅读之旅就此开启。

·整本书阅读不是只能"读"，让阅读活动更有趣·

如何针对低年级儿童的特点，调动他们的阅读兴趣，让他们感受阅读的快乐，同时提升自身的整体认知能力，对低年级整本书阅读而言尤为重要。《义务教育语文课程标准（2022年版）》在第一学段（低年级）的整本书阅读学习内容中也明确要求："阅读富有童趣的图画书等浅易的读物，体会读书的快乐。"那么，在具体实践中，如何帮助学生感受阅读的快乐，同时又能契合书的特点，达成整本书阅读的基本目标？王老师的阅读设计可以给我们带来一些启迪：学生观察和模仿不同人物的睡姿，寻找角色的活动轨迹；有节奏地诵读文字，感受文字的特点和韵律；在绘本中寻找有趣的细节，比如那只最不起眼的小跳蚤却是整本书的大明星，某一个画页里竟然藏着大名鼎鼎的毕加索和马蒂斯的代表作；学生从"绘画大师""朗诵大师""表演大师"中自主选择，进行小组合作，形成一个个项目组，同时共商评价方法，制作点赞卡激励同学或自己；教室也进行了功能分区，有布展区和舞台区，供孩子们展示作品或表演创意,最后通过点赞、投票、现场小记者采访等方式进行评奖,奖项则各种各样,让每个孩子都得到奖励;此外,还有辩论赛、模仿秀等活动。这些生动有趣的阅读活动,让每个孩子都忘我投入,调动自己的最大能量,让阅读成为提升整体能力的过程,也是感受阅读快乐的过程。

  王艳霞老师的绘本阅读课,让我们看到了指向审美创造的低年级整本书阅读如何实现核心素养的落地。整本书阅读与其他类型的学习任务群一样,都应该最终指向学生核心素养的形成和发展,但具体到不同年段、不同书,在目标定位、策略与内容的选择上,都应该有所不同。

革命文学阅读课程

启读课

寻觅英雄足迹
——《小英雄雨来》启读课教学设计

杭州市余杭区杜甫小学　陆智强

启读目标

1. 通过鉴赏封面，补充时代背景、作者创作的意图等资料，激发学生阅读整本书的兴趣。
2. 借助目录制订阅读计划，围绕阅读活动进行有目的的阅读。

启读过程

· 任务一：出示多本《小英雄雨来》整本书的封面，引导学生鉴赏 ·

1. 随机指名学生交流获取的有价值信息。预设：知晓作者、出版社等信息；发现封面的色彩以红色为主色调，初步了解红色儿童文学所具有的独特因子与精神力量；结合封面上雨来的插图和教材中已学的故事情节，相互交流雨来的印象，感知雨来就是在这一抹红色照耀下成长起来的英雄。

2. 教师结合学生已有知识，围绕"作者创作的目的""故事的历史背景"

相机补充资料。

（1）了解作者创作的目的。

资料1：雨来是抗日战争年代冀东少年儿童的一个缩影，其中也包括小说作者管桦本人在内。管桦从小就和村里的儿童一起站岗放哨，给八路军送鸡毛信，上树眺望，捕捉敌情。1940年，他离家奔赴抗日战场，长年转战南北。他参军以后，童年时代的情景常常浮现眼前。

资料2：我应当凭自己的良心，带着一种崇敬的心情，描写那个时代儿童团员的爱国精神，教育下一代，这是我创作小说《小英雄雨来》的目的。

——《管桦和他的〈小英雄雨来〉》

（2）播放微课，走进故事发生的历史背景——抗日战争。
（3）结合以上资料，理解书名在"英雄"前面加一个"小"字的原因。

·任务二：出示目录，借助小标题，尝试概括出故事的主要内容·

过渡：《小英雄雨来》这部中篇小说由41个小故事组成，以雨来为中心，既独自成篇，又联系紧密，浑然一体。

1. 出示四年级下册《小英雄雨来（节选）》这篇课文，引导学生在整本书中找到对应的内容，试着用小标题串联、绘鱼骨图、画情节链等方法画出故事的情节图，并概括出该则故事的主要内容。

2. 借助目录，引导学生发现小标题之间隐藏的关系，选择一种方式尝试概括出其余主要故事，以此大致了解故事的框架结构，明确各章节之间的关系。

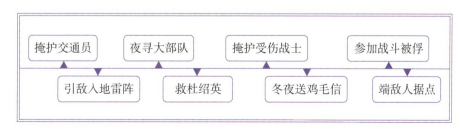

·任务三：制订阅读计划，围绕阅读提示进行有目的的阅读·

1. 制订阅读计划，让整本书阅读有序。

（1）教师出示多份有创意的阅读计划范例，引导学生了解一份完整的阅读计划所需包含的要素。

（2）学生尝试绘制阅读计划，教师巡视指导。

2. 出示阅读提示，让整本书阅读有质。

（1）绘制人物关系图：《小英雄雨来》中出现了许多人物，除了机智勇敢的雨来，还有善良的雨来母亲，有勇有谋的杜绍英……他们身份不同、形象各异，却与主人公雨来有着千丝万缕的关系。请你一边读，一边梳理出人物，想一想这些人物对雨来的成长有何影响。

（2）摘录环境描写的语句：作者在创作《小英雄雨来》时，把自己对祖国深沉的爱还倾注在了对还乡河的描写中。摘录故事中1~3处环境描写的句子，想一想环境描写所起到的作用。

赏读课

品读英雄形象
——《小英雄雨来》赏读课教学设计

杭州市余杭区杜甫小学　陆智强

赏读目标

1. 通过展示"人物关系图",在交流比对中厘清故事的人物形象和角色关系。
2. 聚焦关键情节,结合具体事例和细节描写,感悟雨来鲜活的形象。
3. 关注书中环境描写的语句,运用想象、朗读等方法,探究环境描写的作用。

赏读过程

· 任务一:厘清故事中的人物关系,
　　探究其对雨来成长的影响 ·

1. 展示学生所绘制的"人物关系图",引导学生结合具体的情节介绍人物的特点。
2. 梳理中进一步发现新的阅读体会,交流不同人物对雨来成长所带来的影响。

人　物	关　系	影　响
爸爸、妈妈	家人	榜样影响
铁头、三钻儿、杨二娃、小胖儿、二黑	伙伴	陪伴成长
李民达、杜绍英、申俊福、夜校教师……	战友	引导激励
扁鼻子军官、孙大瘤子、山田大佐……	敌我	激发斗志

· 任务二：聚焦关键情节，对小英雄形象有更丰满的认识 ·

1.深入研读两次"掩护任务"，感受小英雄雨来的成长之路。

（1）角色体验：在八个故事中，有两次写到了雨来完成掩护任务，分别是"掩护交通员""掩护受伤战士"。此时此刻，如果是你，你会采取什么策略应付敌人？随机指名学生交流。

（2）聚焦文本：引导学生圈画关键语句，并用自己的语言说一说雨来分别是如何进行掩护的。预设：在第一次掩护任务中，雨来直接与敌人正面交锋，最终是幸运脱险；而在第二次掩护任务中雨来更加机智地采取"让战士穿着羊皮袍子夹在羊群中"的办法，同时和敌人进行巧妙的周旋，最终顺利完成掩护任务。

（3）对比赏析：圈画两次掩护中描写雨来语言、动作、神态等语句，播放相关影视片段，引导学生在对比赏析中感受雨来的成长。

（4）教师相机点拨与小结。从这些细节对比中不难发现，雨来实现了自我成长，成为一位真正的"抗战英雄"。

2.勾连其他关键事件，合作探究，丰盈英雄形象。

（1）雨来尽管被大家称为"小英雄"，但他也是一位普通的孩子，在他身上还有哪些吸引且打动你的品质？四人小组合作，完成"雨来档案卡"。（具体见下页表）

	小英雄雨来人物档案卡	
	摘录故事中的具体内容	动人的品质（词语概括）

（2）学生合作学习，教师巡视，并相机指导；随后邀请学生交流，其他同学进行补充。

3. 以"本"触"类"，拓展延读其他文本，建构英雄群像。

（1）出示《两个小八路》《闪闪的红星》《小游击队》《地下儿童团》等经典片段，引导学生感受少年儿童在祖国危难时刻所展现出的智慧与担当。

（2）思辨：在当下，我们为什么还要阅读这些故事？引导学生从故事中观照当下生活：如今，我们也许不会再经历战争，也许不会再经历雨来、小兵张嘎、王二小他们苦难的生活，但革命先烈的精神要代代传承，他们所展现出来的强烈的爱国之情，机智勇敢、团结互助、不畏艰难的品质，正是新时代英雄的本色。

· 任务三：着眼环境描写的语句，体会其表达效果 ·

1. 出示学生摘录的故事中一系列环境描写的语句，相机指名学生配乐朗读。

2. 引导学生展开想象，并借助相关影视画面，激发学生主动发现"环境描写"在小说中所起的作用。师生明确：一切景语皆情语，环境描写具有暗示情节走向、烘托人物命运的重要意义。

革命文学阅读课程

创读课

内化英雄精神
——《小英雄雨来》创读课教学设计

杭州市余杭区杜甫小学　陆智强

创读目标

1. 通过链接"小英雄雨来纪念园"资料，创设撰写介绍词、编写剧本、绘制作战图等一系列主题活动，播撒"我们是中国人，我们爱自己的祖国"这颗红色种子，厚植爱国情怀。

2. 产生阅读革命文学作品的兴趣。

创读过程

·任务一：我是讲解员，走进纪念园·

1. 播放视频，带领学生走进河北省唐山市还乡河公园"小英雄雨来纪念园"。

2. 链接管桦所写的碑文，学生配乐朗读。

一九三七年日本法西斯侵略中国。中国进行全民抗日战争，青壮年参加八路军，拿起枪抗击日本侵略者，冀东还乡河两岸各村的民兵、老年人、妇女、少年儿童为保卫祖国家园与敌人进行顽强的斗争。在那个战争年代像雨来那样站岗、放哨、手拿红缨枪,挺起小胸脯给八路军送信、带路,是很多很多的。

儿童团有夜校,每当把日本鬼子和汉奸赶出村以后,敌情缓和的时候,村里朦胧星光的夜雾里,花木的繁枝密叶中房屋的窗子亮着鲜红的灯光,从那里传出孩子们齐声念书的声音:"我们是中国人,我们爱自己的祖国……"

小雨来聪明、机智、勇敢地保护了八路军交通员。在日本强盗诱惑和刺刀威逼下誓死不屈,最后又机智逃出死亡魔掌,人民称赞雨来是抗日小英雄。

——管桦题记

3. 我是小小讲解员:如今,越来越多的学生、游客来到"小英雄雨来纪念园"。如果你是一名讲解员,你会如何讲解小英雄雨来的事迹?请你先写一写解说词,同学之间再练一练。

·任务二:我是小战士,绘制作战图·

1.《小英雄雨来》的故事发生在晋察冀边区北部的还乡河畔,根据书中的地理线索,选择其中一场战役,小组合作绘制《还乡河游击战地图》,标明敌我双方进攻和撤退的路线。

2. 班级展示,学生相机讲解战争情况。

·任务三:我是小演员,展演小剧场·

1. 观看《小英雄雨来》电影,选择其中一个片段,小组合作演绎。

2. 提示:首先要进行小组成员分工,明确每位组员的任务;其次,要合理地改编剧本,注意人物的语言、动作、神态要恰切;最后,在排练的过程中可以适当增加道具、场景布置等。

3. 表演结束后,可对每组的表演进行评价,具体标准见下页表。

第（　　）小组表演评价单	
表演的片段：_____	
评价标准	评价等级
1. 基本还原了故事情节，表演连贯、完整。	
2. 人物的台词、动作、神态符合情境，演员具有表现力，没有出现笑场。	
3. 配乐得当，场景布置合理。	
4. 小组成员分工明确，人人参与。	
评价者：□自我评价　□同学评价　□老师评价	
每项指标最高可得5颗星：1颗星为合格，2颗星为较好，3颗星为良好，4颗星为优秀，5颗星为最优。	

> 赏　析

让革命文化浸润童心

——陆智强老师《小英雄雨来》整本书阅读设计赏析

闫　学

在儿童阅读的实践领域，关于革命文学作品的阅读一直没有引起足够的重视。究其原因，主要有这样几个方面：

一是对优秀革命文学作品的阅读价值及其意义的认识和理解不到位，尤其是对中国革命文学作品存在不少偏见和认识误区：一直以来，不少教育工作者片面认为革命文学作品侧重于思想和道德说教，艺术价值不高，因此在教育教学实践中不重视革命文学作品的阅读指导。

二是对革命文学作品的遴选缺乏专业指导，导致优秀革命文学作品能够真正走进一线教师视野的书数量较少，质量堪忧。

三是由于优秀革命文学作品在中小学阅读实践中的长期缺位，在很大程度上导致了一线教师对革命文学作品的阅读指导经验相对不足，这又反过来影响了革命文学作品在实践层面的落地，从而形成恶性循环。

那么，我们为什么要重视中国优秀革命文学作品的阅读？

这首先是由优秀革命文学作品的教育价值和审美价值所决定的。优秀革命文学作品的故事大都发生在特定的历史背景，或基于特定的历史事件，作家在此基础上加工创作完成，因此，从某种意义上来说，阅读这些作品就是在了解中国历史和中华文化。故事中的人物形象所展现出的勇敢、坚强、善良、智慧、不屈不挠等精神品质，已逐渐凝聚成中华民族的精神气质，而这些从历史深处、从战火硝烟中走来的人物，始终闪耀着动人的光彩，也深刻地影响着现代人的思想和精神，因此，这些人物形象的生命力可谓历久弥新，具有思想教育和艺术审美的双重价值，同时也决定了这些作品的阅读价值。

其次，阅读中国优秀革命文学作品也是核心素养落地的必然要求。《义务教育语文课程标准（2022年版）》在"课程性质""核心素养内涵""总目标"以及各个"学段要求"中，都明确提出了"弘扬中华优秀传统文化、革命文化、社会主义先进文化"的理念和要求，在各年段"整本书阅读"的学习内容中，也都将阅读革命文学作品放在首要位置：第二学段要求"阅读表现英雄模范事迹的图书，如《小英雄雨来》《雷锋的故事》等，讲述英雄模范的动人故事"。第三学段要求"阅读反映革命传统的作品，如《可爱的中国》《小兵张嘎》《闪闪的红星》等，讲述自己感受到的家国情怀和爱国精神"。第四学段要求"阅读革命文学作品，如《革命烈士诗抄》《红岩》《红星照耀中国》等，体会、评析革命领袖、革命英雄的爱国精神和人格魅力"。这些表述以及革命文学作品阅读在每个学段学习内容中所占据的首要位置，凸显了国家层面对弘扬革命文化、提高文化自信的重视和决心，而围绕优秀革命文学作品的整本书阅读，正是弘扬革命文化、提高青少年文化自信、思想修养和道德水平的重要路径，在这个过程中，学生的阅读能力、语言运用能力、思维能力和审美创造能力也会得到提升。因此，对优秀革命文学作品的整本书阅读加以重视和实践研究，是目前一线教师的重要任务。

那么，如何指导学生进行优秀革命文学作品的整本书阅读呢？现在，我们来解析陆智强老师关于革命文学作品《小英雄雨来》的整本书阅读教学设计，可以从中受到启发。

《小英雄雨来》是由管桦结合自身经历和在抗日战争中的所见所闻创作的一部优秀革命文学作品。他用清新明快的语言，简洁流畅的结构，生动塑造了一个机智勇敢、聪明活泼、热爱祖国、不怕牺牲的抗日小英雄雨来的形象。陆老师结合作品特点，通过启读课、赏读课和创读课，带领学生走进中国抗日战争历史，寻觅、认识小英雄雨来，感悟小英雄雨来的品格精神，感受优秀革命文学作品的魅力，认识优秀革命文学作品的思想和艺术价值，让革命文化浸润童心。

陆老师的阅读指导设计，主要从以下几个方面展开。

·从细节展现中感受革命文化·

如何激发学生阅读革命文学作品的兴趣，是开展革命文学作品整本书阅读的重要起点，也是陆老师在启读课上完成的主要任务。首先，陆老师引导学生观察书的封面，除了了解作者、出版社等信息，学生还发现红色是封面的主色调，而小英雄雨来手持红缨枪、目光坚定、精神抖擞的形象，与红色的主色调非常吻合，这提示着雨来成长的革命历史环境，也增强了作品作为革命文学的主题特点。教师还引导学生观察作品目录，从数十个既独立又相互关联的故事之间发现作品的创作结构特点，从整体上帮助学生梳理了作品的创作框架；接着，从局部着眼，结合教材中《小英雄雨来（节选）》这篇课文，引导学生在整本书中找到对应的内容，用小标题串联、绘鱼骨图、画情节链等方法画出故事的情节图，并概括出故事的主要内容。这些阅读指导设计，帮助学生感受革命文学作品的特点，也引导学生提炼作品的主要信息，将片段阅读与整本书阅读相勾连，激发了学生对革命文学作品的阅读兴趣。

·从人物塑造中感悟英雄形象·

作品着力展现的是小英雄雨来的形象，同时也塑造了铁头、二黑、三钻儿、雨来母亲、游击队队长杜绍英等人物形象，他们与雨来一起，共同构成了晋察冀边区的抗日英雄群像。陆老师引导学生以雨来为中心，绘制"人物关系图"，结合具体的情节交流不同的人物对雨来成长所带来的影响：有起到榜样作用的父母，有陪伴成长的小伙伴，也有起到激励作用的战友们，还有激发顽强斗志的敌人，这些都对雨来的成长带来了影响，让雨来从一个普通的乡村少年成长为抗日小英雄变得真实可信，也让人物形象更加丰满立体。陆老师引导学生聚焦关键情节——两次"掩护任务",学生发现雨来在完成任务时有不同表现,从中进一步感受雨来的成长过程。这些都让学生体会到,英雄不是天生的,需要在战斗中不断历练,才能逐渐成熟起来。这样的阅读指导,着眼于人物形象的塑造,既加深了学生对英雄形象本身成长的感悟,也提升了学生对优秀文学作品艺术魅力的审美鉴赏水平。

·从环境描写中发现创作魅力·

优秀文学作品尤其是小说创作,都特别注重环境描写,将人物和故事置于具体的环境中,为人物形象的塑造和故事情节的展开奠定基础,营造氛围,《小英雄雨来》这部作品也不例外。陆老师引导学生关注作品中的环境描写重点句段,如描写晋察冀边区还乡河畔的美丽风景,茂密的芦苇,洁白的芦花,鹅毛般的苇絮,是小英雄雨来生长的地方,是美丽的故乡,也是美丽的祖国,绝不容外国侵略者践踏,这就为英雄的成长奠定了坚实的情感基础。因此,雨来和其他抗日英雄们的坚定、勇敢、不怕牺牲的斗争精神,就有了情感注脚,也让整部作品所展现出的英雄气概更加崇高,更加动人心魄。

·从多彩活动中传承革命精神·

弘扬革命文化,传承革命精神,除了带领学生阅读作品,还可以通过丰富多彩的阅读活动来进行。陆老师在创读课上设计了三个阅读活动,分别是"我是讲解员""我是小战士""我是小演员",通过撰写解说词、绘制作战图、英雄剧展演等一系列主题活动,注重学生的创造性和主动性参与,强化情感体验,让爱国主义精神深植心中。通过拓展延读其他文本,如《两个小八路》《闪闪的红星》《小游击队》《地下儿童团》等其他优秀革命文学作品,构筑英雄群像,引导学生感受中国少年儿童在祖国危难时刻所展现出的智慧与担当,同时思考:当下我们为什么还要阅读这些英雄故事?从而让学生感受到,这些英雄人物身上体现出的热爱祖国、不怕牺牲、勇敢坚强的精神,也是我们这个时代需要的精神。这样的阅读和讨论,体现了阅读优秀革命文学作品强大的现实意义,以及在立德树人的教育目标中所起到的不容忽视的作用。而这,也是我们在革命文学作品整本书阅读的实践层面所体现的重要价值。

后　记

2023年岁末，我和几位好友相约一起跨年。江南的冬天寒风清冽，窗外是万家灯火，还有巨大的摩天轮，在璀璨的星空下缓缓转动，而就在不远处，便是良渚文化遗址。那一刻，古老深邃的中华文明，似乎穿过了历史时空的长河，与这座美丽又充满活力的城市相遇，一切都是那样奇妙又和谐。我们谈起了彼此的生活，谈起了三年疫情期间我们共同的经历，那些坚守与奋斗，迷惘与无措，激励与希望，此刻都化作生命的泉水，如此丰沛，成为滋养我们的一部分。

当然，我们谈的更多的是在任何情况下都从未停止的追求和探索，也是我们团队始终如一、持续深耕的一个领域，那就是对儿童阅读课程体系的研究。我们欣喜而自豪地发现，经过了20年的努力，我们在阅读课程领域取得了丰硕成果，尤其是在《义务教育语文课程标准（2022年版）》颁布之后，整本书阅读成为广大教育工作者高度关注的领域，而我们团队关于整本书阅读的研究，早已在理论和实践的双重层面上作了大量探索，也有了很多创造性的发现。于是，我们一致认为到了该进行阶段性总结的时候了。的确，20年的时光，对于我们每个人而言，都值得珍惜、记录，值得永远珍藏。

为什么是20年呢？我想到了2004年的那个春天，我从一线教师走上教研员的岗位，带领一群骨干教师开启了最初的儿童阅读研究；后来，我回到学校做校长，又带领学校的课程团队进行儿童阅读课程体系的建构与实施探索；再后来，我们在儿童阅读课程体系方面不断取得阶段性成果，开创了一个又一个小小的奇迹，课程体系不断更新迭代，课程团队也不断发展壮大，一大批优秀教师成长起来……蓦然回首，20年的光阴已然走过。

　　于是，就在2023年岁末这个夜晚，我们作了一个决定，将这些年在儿童阅读课程方面的最新研究成果进行提炼和整理，尤其是针对《义务教育语文课程标准（2022年版）》颁布以来广受关注的整本书阅读，作一个系统、全面的梳理和总结，与全国各地的教育同行们进行交流和分享。我们希望发出自己的声音，传达一种信念，那就是对整本书阅读的研究和探索，不应该只是停留在零散的、个体的实践层面，而是要站在儿童发展的立场，结合开展整本书阅读的要求，进行系统化的课程化研究。

　　这一年，我们首先在一些核心期刊上发布了一些整本书阅读课程化的专题研究成果，收到了很多激励和好评，这些让我们倍受鼓舞；与此同时，我着手对整本书阅读课程化的系列研究成果进行整理，搭起了这本书的基本框架，完善了这本书的主要内容。

　　因此，这本书，既是交流与分享，也是向岁月致敬，向所有矢志不渝、持续深耕在儿童阅读领域的教师朋友们致敬。

　　感谢大夏书系多年的支持和鼓励，在推动阅读这件事上，我们一直携手同行。

闫　学
2024年8月1日于杭州

图书在版编目（CIP）数据

整本书阅读的课程化 / 闫学主编 .—上海：华东师范大学出版社，2024. — ISBN 978-7-5760-5434-7

I. G633.332

中国国家版本馆 CIP 数据核字第 2024CV9599 号

大夏书系 | 阅读教育

整本书阅读的课程化

主　　编	闫　学
策划编辑	李永梅
责任编辑	万丽丽
责任校对	杨　坤
封面设计	奇文云海·设计顾问
出版发行	华东师范大学出版社
社　　址	上海市中山北路 3663 号　邮编　200062
网　　址	www.ecnupress.com.cn
电　　话	021-60821666　行政传真 021-62572105
客服电话	021-62865537
邮购电话	021-62869887
地　　址	上海市中山北路 3663 号华东师范大学校内先锋路口
网　　店	http://hdsdcbs.tmall.com/
印 刷 者	北京密兴印刷有限公司
开　　本	700×1000　16 开
印　　张	18.5
字　　数	283 千字
版　　次	2024 年 11 月第一版
印　　次	2024 年 11 月第一次
印　　数	6 100
书　　号	ISBN 978-7-5760-5434-7
定　　价	78.00 元
出 版 人	王　焰

（如发现本版图书有印订质量问题，请寄回本社市场部调换或电话 021-62865537 联系）